정치는 세상을
어떻게
바꿀까?

질문하는 사회_정치

정치는 세상을
어떻게
바꿀까?

초판 인쇄 2025년 03월 20일
초판 발행 2025년 03월 25일

저자   승지홍
발행인   이진곤
발행처   블랙홀
출판등록 제 25100-2015-000077호(2015년 10월 26일)
주소   경기도 파주시 문발로 405 제2출판단지 활자마을
전화   02-338-0092
팩스   02-338-0097
홈페이지 www.seentalk.co.kr
E-mail   seentalk@naver.com

ISBN   979-11-88974-77-1 44300
         979-11-88974-78-8 (세트)

질문하는 사회 _ 정치

정치는 세상을 어떻게 바꿀까?

승지홍 지음

블랙홀

"세상을 바꾸는 힘은 어디에서 올까요? 정치는 그 답을 찾는 과정입니다."

10대는 책을 많이 읽고, 사회와 나 자신에 대해 깊이 생각해야 할 시기입니다. 하지만 현실은 다릅니다. 입시 준비에 치여 관심 있는 주제에 대한 책을 읽거나 스스로 생각을 정리해 볼 시간이 부족하지요. 그럼에도 2028학년도 대학수학능력시험부터 통합·융합형 수능이 치러지고, 독서와 문해력, 사고력의 중요성은 점점 강조되고 있습니다. 즉, 지금의 청소년들에게 독서는 필수지만, 입시 부담을 벗어난 독서를 하기란 쉽지 않은 상황입니다. 교사로서도 학생들이 느끼는 고충을 깊이 체감하고 있어요.

이런 현실 속에서, 청소년들이 사회 문제와 현상에 대해 균형 잡힌 시각을 갖고, 시대가 요구하는 사고력과 논리력을 기르려면 어떤 책을 읽어야 할까. 이런 고민 끝에 이 책을 쓰기 시작했습니다. 지식을 쌓는 일은 입시를 위한 방편만이 아니라 실생활을 살아가는 힘이 될 수 있어야 제기능을 할 수 있다는 점도 고려했습니다.

‘질문하는 사회’ 시리즈의 첫 번째 책인 『정치는 세상을 어떻게 바꿀까?』는 "정치란 무엇인가?"라는 근본적인 질문에서 출발합니다. 권력, 민주주의, 국제 정치 등 정치의 핵심 주제를 다루며, 질문과 답을 통해 개념과 이론을 자연스럽게 익히도록 구성했습니다. 또한, 사회 교과에서 중요하게 다뤄지는 키워드를 중심으로, 토론과 논술에서 활용할 만한 쟁점도 제시했습니다.

　이 책의 가장 큰 특징은 ‘질문’입니다. 본문에서 질문에 답하기 위한 배경지식과 시사점 등을 제시하고, 꼭 알아야 할 개념을 해시태그로 정리했습니다. 그리고 배운 내용을 바탕으로 새로운 질문을 던져, 독자 스스로 생각을 확장할 수 있도록 했습니다. 더 나아가, 각 장의 마지막에는 해당 주제와 관련된 사상가에게 질문을 던지고, 그의 관점에서 답변해 보는 코너를 마련했습니다. 이를 통해 단순한 지식 전달이 아니라, 역사적 맥락 속에서 사고를 확장하는 경험을 제공하고자 했습니다.

오늘날 우리 사회는 많은 도전에 직면해 있습니다. 경제적으로는 내수 경기 침체와 국제 경제 위기로 성장 동력이 약화되고 있고, 정치적으로는 불안과 혼란이 반복되고 있습니다. 이런 상황 속에서 국민들에게 정치는 때때로 실망스럽고, 외면하고 싶은 대상이 되기도 합니다.

하지만 우리가 정치에 관심을 가져야 하는 이유는 단순합니다. 정치없이 국가와 사회는 운영될 수 없기 때문입니다. 정치는 어른들만의 일이 아니라, 청소년 여러분의 삶에도 깊이 영향을 미칩니다. 최저 임금과 교통비는 어떻게 책정되는지, 도로와 공원이 어떻게 만들어지는지, 우리가 사는 곳의 안전은 어떠한지 모두 관여하는 게 바로 정치이기 때문이죠.

민주주의가 더욱 발전하고, 많은 사람이 행복한 나라가 되려면 청소년 여러분이 정치에 끊임없는 관심을 가져야 합니다. 그래야 국민을 위해 성실히 일하는 정치인을 뽑을 수 있고, 나아가 여러분이 직접

정치에 참여하는 기회를 만들 수도 있습니다. 정치 참여란 거창한 것이 아닙니다. 국가가 올바르게 일을 하고 있는지 지켜보고, 주변의 어려움을 살피며 함께 힘을 모으는 것만으로도 세상은 조금씩 나아질 수 있습니다. 그렇게 더 나은 세상이 만들어진다면, 여러분의 노력으로 얻은 작은 변화들은 여러분의 삶을 더 행복하게 만들 것입니다.

이 책이 여러분에게 '정치는 세상을 어떻게 바꿀까?'라는 질문에 답을 내리기 위한 작은 실마리가 되길 바랍니다. 정치가 왜 사회에 필요한지, 권력은 어떻게 나누어질 수 있는지, 그리고 민주주의가 항상 옳은 것인지 고민해 보고, 시민이 정치에 참여할 수 있는 다양한 방법도 함께 살펴보았으면 합니다. 또한, 스스로 질문을 던지고 깊이 고민하는 과정을 통해 세상을 바라보는 시야가 더욱 넓어지길 기대합니다.

올바른 내일을 함께 꿈꾸는 승지홍 🖊

4장 국제정치가 나에게도 영향을 미칠까?

1장

인간 세계에
정치는
꼭 필요할까?

01

정치란 무엇일까?

이해할 수 없는 게 있습니다. 사람들은 끊임없이 정치에 대해 말합니다. 굉장히 중요한 일이라도 되는 것처럼요. 그런데 동시에 정치에 대해서 나쁜 이야기를 많이 합니다. 비리를 저지른 정치인들이 밉다며 국민들이 저런 거 하라고 뽑아 준 건 아니라고요. 우리는 이에 대해 문제 제기를 하거나 고칠 수 없는 것처럼 보입니다.

이런 상황에서 우리가 왜 정치를 알고 관심을 가져야 할까요? 차라리 정치에 관심을 두지 않고 그냥 우리 삶만 챙기며 사는 것이 낫지 않을까요? '정치가 나랑 무슨 상관이 있어?' 이런 의구심은 누구나 가질 수 있죠. 하지만 정치에 관심을 안 갖고 싶은 사람이라도 정치에 영향을 안 받고 살 수는 없습니다. 그렇다면 정치가 우리 삶을 어떻게 바꿀지, 또 내가 하는 행동은 정치적으로 어떤 의미가 있을지 생각해 보는 건 흥미로운 일 아닐까요? 정치란 무엇이며 우리가 정치를 알아야 하는 이유가 무엇인지, 지금부터 살펴 보려 합니다.

15

정치란 흔히 정부, 선거, 정당과 관련된 활동으로만 생각되지만, 사실 일상 속에서도 끊임없이 이루어지고 있습니다. 우리 일상에도 무엇인가를 결정해야 하는 일들이 많습니다. 체육대회에서 입을 반 티를 정하는 학급회의, 커뮤니티 시설 설치를 위한 아파트 입주자 대표회의, 내 통금시간을 정하는 가족회의 같은 것들이죠. 이는 대개 사람들 사이의 갈등이나 문제를 해결하는 과정에서 필요한데요. 이를 '넓은 의미의 정치'라 봅니다.

친구들과 놀러 가서 저녁에 먹을 음식을 정해야 할 때를 생각해 봅시다. 각자 먹고 싶은 음식 취향도 다르고, 또 누구는 특정한 음식을 싫어하는 경우도 있고, 의견이 갈릴 때가 있습니다. 이럴 때 저녁에 먹을 음식을 결정하는 과정이 바로 넓은 의미의 정치가 되는 것입니다. 이렇게 넓은 의미의 정치란 일상생활에서 발생하는 의견 대립과 갈등을 조정하고 해결하는 모든 활동을 의미합니다.

정치는 우리의 삶과 떼려야 뗄 수 없는 아주 흔한 현상입니다. 우리는 가정, 친구, 직장 등 다양한 사회적 관계에서 매일 정치적 행동을 하죠. 예를 들어, 가정 내에서 부모와 자식 간의 갈등은 권력의 문제로 연결될 수 있습니다. 부모는 자식에게 권위를 행사하려 하지만, 자식은 자신의 의견을 주장하며 부모의 결정을 거부할 때도 있습니다. 이러한 권력의 균형 조정 과정은 가정 내 '정치'의한 형태입니다.

우리는 물건을 구매할 때도 정치적 결정을 내립니다. 예를 들어, 윤리적 소비를 지향하는 사람들은 공정무역 제품을 선택하거나, 친환경 제품을 구매함으로써 자신들의 정치적 입장을 표현합니다. 이는 단순한 경제적 행위를 넘어, 특정 기업의 정책이나 사회적 가치를 지지하는 정치적 선택입니다.

친구 관계에서도 정치적 행동이 일어납니다. 친구들 사이에 리더십 경쟁을 할 때도 있고, 모임의 일정이나 장소를 정하는 과정에서 의견 차이도 발생할 수 있습니다. 특정 인물이 리더 역할을 맡아 다른 사람들의 의견을 종합하고 최종 결정을 내리는 경우, 이는 의사결정 과정에서의 정치적 역할입니다. 이런 과정에서 합의와 설득은 중요한 정치적 도구로 작용합니다.

직장 내에서도 정치는 중요한 역할을 합니다. 상사와 부하직원 간의 관계, 동료 간의 경쟁과 협력, 승진이나 프로젝트 배정 과정에서 권력과 자원의 배분이 일어납니다. 특정 직원이 더 많은 영향력을 가지기 위해 상사와 친밀한 관계를 유지하거나, 동료와의 협력을 통해 자신의 입지를 강화하는 것은 모두 정치적 행위입니다.

또한, 업무 중 의사결정을 내리는 회의에서도 정치적 행위가 이루어집니다. 회의에서는 다양한 의견이 충돌하고, 각자가 자신의 입장을 주장합니다. 이 과정에서 서로의 의견을 조율하고, 타협을 이끌어 내는 것은 정치적 기술을 발휘하는 것입니다.

사람이 살아가려면 물, 공기, 음식, 집 등이 필요합니다. 어떤 사람은 자동차나 스마트폰이 필수라고 생각할 수도 있죠. 하지만 나와 같은 시공간에 속한 다른 사람이 없다면, 혼자서는 세상을 살아가기 어려울 것입니다.

인간은 태어나면서부터 부모님, 의사, 친구, 선생님 등 다른 사람들의 도움이 필요하며, 사회 속에서 함께 살아가야 합니다. 인간은 사자처럼 강하거나 표범처럼 빠르지 않지만, 공동체를 통해 협력하며 생존해 왔습니다. 만약 인간이 공동체를 이루지 않았다면 불이나 도구 사용법을 전수하지 못했을 것이고, 큰 동물들을 잡기도 어려웠을 겁니다. 협력으로 인간은 더 지혜로워지고 강해졌으며, 이를 통해 현재의 문명이 발전했습니다. 그래서 인간을 '사회적 동물'이라고 부릅니다.

인간은 불완전함을 극복하기 위해 공동체를 만들었고, 그 과정에서 정치, 경제, 사회, 문화가 형성되었습니다. 불완전한 인간들이 모여 살다 보면 갈등이 생기기 마련인데요, 이를 해결하지 않으면 결국 '힘의 논리'가 작용해 불안정한 상태가 됩니다. 이런 불안정성을 극복하고 모두가 동의할 수 있는 생존을 위한 규칙과 원칙을 만들면서 사회에 질서가 형성되었고, 이런 과정에서 정치가 탄생했습니다. 즉, 정치는 인간의 불완전성을 극복하기 위한 최소한의 원칙입니다. 따라서 어떤 사회든 반드시 정치가 있는 것이죠.

그리스 철학자 아리스토텔레스는 "인간은 정치적 동물이다."라고 했습니다. 아리스토텔레스는 인간이 홀로 존재할 수 없기에, 정치와 같은 사회적 구조 속에서 자신을 실현하며 살아가야 하는 존재라고 생각했습니다. 정치가 인간 삶의 본질적인 요소라고 본 것이죠.

정치에 관심이 없다고 말하는 사람조차도 실제로는 정치와 밀접한 관계를 맺으며 살아가고 있어요. 사람은 저마다 얼굴과 성격이 다른 것처럼 생각도 다르기에 늘 문제나 다툼이 생깁니다. 이렇게 서로 다른 사람들이 자기 의견만 내세우면, 문제는 해결되지 않고 갈등이 깊어지게 되죠. 이런 갈등을 해결하지 못한다면 사회는 혼란에 빠지고 맙니다.

국가와 권력의 탄생

아주 오래전 사람들은 추위나 동물들의 공격을 피해 동굴 같은 곳에 모여 살았습니다. 그러다 농사를 지으면서 물을 구하기 쉽고 농사짓기 좋은 곳에 모여 살았죠. 이렇게 모인 사람들이 마을을 만들고 점점 자신들이 사는 곳을 넓혀 나갔습니다. 자연스레 공동의 조상을 가진 공동체인 씨족이나 부족이 생긴 것이지요. 사람들이 많이 모여 사는 사회는 자연스레 갈등이나 협조할 일들이 많고 복잡해졌습니다. 이러한 공동체 내에서 생존을 위한 자원 분배와 공동의 목표를 이루기 위해 자연스럽게 권력이 탄생했습니다.

초기의 권력은 힘이 센 자, 지혜로운 자, 또는 공동체에 중요한 역할을 하는 사람들이 행사하는 영향력에서 비롯되었으며, 주로 전통적 권위에 기반을 둔 것이었습니다.

시간이 흐르면서 인구가 증가하고, 사람들이 더 복잡한 농업 및 상업 활동을 하게 되면서 공동체는 점차 규모가 커졌습니다. 이러한 과정에서 지도자, 전사, 농민 등 계층이 발생하면서 역할이 분화되고, 특정 집단이 다른 사람들을 다스리기 시작했습니다. 이 시기에 권력은 물리적 힘뿐 아니라 경제적 자원, 종교적 권위와도 결합하여 더욱 제도화되었죠.

국가는 이렇게 계층화된 사회 구조를 바탕으로 영토 내에서 자원을 효율적으로 관리하고 법과 질서를 유지하기 위해 생겨났습니다. 이렇게 만들어진 국가는 본격적으로 권력을 행사하게 됩니다. 국가는 좁은 의미의 정치에서 가장 중요한 주체입니다. 법과 질서를 유지하고, 정책을 수립하며 권력을 행사하는 조직이기 때문이죠.

좁은 의미의 정치에서 중요한 요소는 권력이며, 이 권력이 어떻게 분배되고 행사되는지가 핵심입니다. 이처럼 '좁은 의미의 정치'는 정치가들이 하는 일이지만, 결과적으로 우리의 생활에 큰 영향력을 행사하지요.

 # 좁은 의미의 정치 국가를 다스리는 권력을 갖기 위해 하는 모든 활동을 말해요. 물론 그 권력을 유지하려고 경쟁하거나 서로 돕는 활동도 포함됩니다. '정치' 하면 흔히 떠올리는 대통령과 국회의원 등이 정책을 결정하고 추진하는 활동이 이에 속해요. 좁은 의미의 정치는 국가만의 고유한 현상입니다. 국가 기관이 가진 권력으로 어떤 결정을 내리는가에 따라 지역과 국가는 여러모로 영향을 받게 됩니다.

 # 넓은 의미의 정치 사회생활을 하는 동안 사람들 사이에서 생기는 의견 차이나 서로 다른 이해관계를 해결해 주는 활동이에요. 넓게 보면 학급 회의나 아파트 주민 회의도 정치 활동에 포함된답니다. 넓은 의미로 보면 일상생활에서 서로 의견을 나누거나 조율하는 모든 일이 정치인 것이므로, 우리 모두는 정치에 참여하고 있습니다.

 # 정치의 어원 정치는 영어로 '폴리틱스politics' 즉, 도시 국가를 의미하는 그리스어 폴리스polis에서 유래했습니다. 옛날 그리스에서 도시가 처음 만들어졌을 때 도시를 '폴리스polis'라고 하였으므로 정치는 곧 도시 국가의 업무를 말한 것입니다. 알렉산더 대왕의 과외교사였던 그리스 철학자 아리스토텔레스는 저서 『정치학』에 "인간은 곧 정치 공동체인 국가를 떠나 살 수 없고, 공적인 영역에 참여하면서 최고의 행복을 누린다."라는 말을 남기며 정치의 중요성을 강조했습니다.

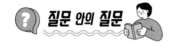

시민도 정치의 주체가 될 수 있을까?

　고대 그리스의 철학자 아리스토텔레스는 '모든 시민이 자유롭고 평등한 도시국가에서 어떻게 권력을 나눌 수 있을까' 하는 문제에 대해 깊이 고민했습니다. 시민들의 관계는 왕과 하인의 관계와는 다르고, 권위를 가진 가장과 자녀와의 관계와도 다르기 때문이죠.

　도시국가는 정치 공동체이고 그 구성원들 사이의 관계는 평등해서 모두 권력에 똑같이 참여할 수 있습니다. 하지만 사람들이 어떻게 권력에 참여할지 그 방법을 궁리하다 보면 문제가 복잡해집니다. 누가 무슨 일을 할지, 집단을 어떻게 조직해서 역할을 분배해야 하는지 등을 결정해야 하는 것이죠.

도시국가가 평등한 사람들로 이루어진 공동체라고 해서 모두가 동시에 통치할 수 없고, 또 어느 한 사람이 함부로 힘을 행사해도 되는 건 아니죠. 그러면 국가는 완벽한 무질서 상태에 빠지게 됩니다. 고민 끝에 고대 그리스 사람들은 문제에 대한 결론을 내립니다. 모든 시민은 도시국가에 관련된 일에 자기 의견을 말할 권리가 있고 그럴 능력이 있다고 말이죠. 아테네 사람들은 일단 이런 원칙을 세우고 번갈아 제비뽑기로 행정관을 임명했습니다.

하지만 몇몇 예외도 있었습니다. 고대 그리스 사람들은 전쟁을 많이 했는데, 전쟁을 지휘할 사령관이나 나랏돈을 담당할 사람은 따로 임명했습니다. 이런 일을 하려면 특별한 경험이 필요하다는 것을 잘 알고 있었거든요.

정치는 모든 사람의 일이며, 정치를 하기 위해서 특별한 능력이 필요한 건 아닙니다. 모든 시민은 자신과 관련된 문제에 대해 생각하고 의논해서 함께 결정 내릴 수 있습니다. 모두가 대통령이나 장관이 될 수는 없지만, 남의 일이라고 방관하지 않고 같이 고민하면 책임 있는 시민이 될 수 있습니다. 그렇게 되면 우리는 다양하고 많은 능력과 판단, 생각을 한데 모을 수 있겠죠. 이렇게 의견을 모으면 한 사람이 생각해 낸 것보다 훨씬 흥미롭고 가치

있는 결과를 얻을 수 있습니다.

　아리스토텔레스는 함께 나누어 먹는 식사를 예로 들었습니다. 일종의 피크닉인데요. 함께 즐기는 소풍에서 각자 서로 다른 음식을 가져오면 음식이 다양해져서 더 맛있게 식사할 수 있잖아요. 그러니까 함께 식사하는 사람들, 즉 도시국가의 시민들이 다 같이 의논하고 생각을 교환하고 어디에서 의견이 일치하지 않는지 이야기를 나누면서 합의에 이르는 것이죠. 이렇게 하면 한 사람이 혼자 생각할 때보다 더 풍성한 결론에 도달할 수 있습니다. 어느 한 사람이 능력이 좋고 똑똑하다 한들 혼자서 모든 분야에 대해 올바르고 합당한 판단을 내릴 수는 없거든요. 반대로 여러 사람이 함께 의논하면 보다 나은 결론을 내릴 수 있습니다. 사람들의 의견이 서로 다르더라도 말이죠.

　우리 사회는 고대 그리스 사회와는 다른 방식으로 움직이지만, 고대 그리스인들이 정치에 대해 지녔던 사고를 기억해 두어야 합니다. 정치는 무엇보다 '시민의 책임과 참여'라는 생각 말이죠. 그런 다음에 우리가 어떻게 이 책임을 실천할 수 있을지 생각해 봐야 하겠죠.

02

권력이란 무엇일까?

　어느 날, 해와 바람이 누가 더 강한지를 두고 다투었습니다. 그때 길을 걷는 나그네를 보고 바람이 먼저 말했습니다. "저 사람의 외투를 벗기면 내가 이긴 걸로 하자." 바람은 힘차게 불기 시작했고, 점점 더 세게 불었습니다. 하지만 바람이 강하게 불수록 나그네는 외투를 더 단단히 여미며 절대 벗지 않았습니다. 이제 해의 차례가 되자, 해는 부드럽게 빛을 비추기 시작했습니다. 점점 날씨가 따뜻해지자 나그네는 스스로 외투를 벗었고, 해가 승리했습니다.

　이 이야기는 권력의 행사가 항상 강압적일 필요는 없으며, 힘을 과시하는 것이 효과적인 통치 방법이 아님을 보여 줍니다. 바람은 물리적 힘으로 나그네에게 외투를 벗기려 했지만 실패했고, 해는 부드럽고 따뜻하게 접근해 나그네가 자발적으로 외투를 벗게 만들었습니다. 권력이란 무엇이며, 어떻게 행사해야 하는 걸까요?

권력을 가진 사람이라고 하면, 가장 먼저 떠오르는 대상은 아마 대통령일 것입니다. 우리는 대통령을 비롯한 사회 전반의 정치인들에게 올바른 권력 행사를 기대하는데요. 권력의 정의에 대해서는 학자마다 다양한 견해가 있습니다. 독일의 사회과학자 막스 베버는 "권력이란 자기 의사를 관철시킬 수 있는 모든 가능성"이라고 했습니다.

조금 쉽게 말하면, 상대가 따르든 따르지 않든 내가 하고 싶은 대로 행동할 수 있고, 또 상대를 내 뜻에 복종시킬 수 있다는 것이죠. 이외에도 미국의 정치학자 라스웰은 권력을 "결정에의 참여"로 봅니다.

사회에는 여러 종류의 가치들이 존재하는데, 권력도 그중 하나입니다. 흥미로운 점은, 권력이 사회의 가치들 중 하나임과 동시에 권력이라는 가치를 통해 다른 가치를 얻을 수 있다는 점입니다. 하지만 권력이 없는 사람은 원하는 가치를 얻기 위해 결국 권력자의 행동에 순순히 따를 수밖에 없습니다.

결론적으로 권력이라는 것은 가치와 이익을 차지하려는 갈등 상황에서, 누가 누구에게 강제적으로 가치와 이익을 내어주는지를 설명하는 관계적인 개념으로 바라볼 수 있습니다. 희소한 가치와 이익을 분배하는 과정에서 피할 수 없는 절차로 볼 수도 있겠죠.

이번에는 정치권력에 대해 알아봅시다. 정치권력은 국가가 갖는 겁니다. 예를 들어 앞의 '정치'가 빠진 권력은 개인이나 어떤 특정한 집단도 가질 수 있는 거예요. 정치권력은 국가기관이 국가 권력을 행사하는 구체적인 힘입니다. 국가의 입법권을 행사하는 국회의 권한, 국가의 행정권을 행사하는 대통령(의원내각제에서는 국무총리 또는 수상)의 권한, 국가의 사법권을 행사하는 법원의 권한이 바로 정치권력입니다.

그렇다면 '권력'과 함께 사용되거나 유사하게 사용되는 개념을 소개해 볼게요. 힘이 센 사람들, 권위 있는 사람들, 영향력을 끼치는 사람들처럼 말입니다. 엄청난 괴력을 가진 사람들도 권력을 가졌다고 볼 수 있을까요? 명망 있는 교수처럼 권위 있다고 여겨지는 사람들도 권력자일까요? 유튜브 크리에이터나 인터넷 방송의 스트리머들은 어떤가요? 많은 사람들이 그들을 따르게 되지만, 그들이 권력자라고 생각하기는 쉽지 않습니다.

'힘Force'에 대해 살펴볼게요. 상대가 순응하지 않는데도 목적을 달성하고자 하는 강압이 이뤄졌다면, 우리는 힘이 행사되었다고 봅니다. 그중에서도 신체에 가해지는 물리적인 힘을 '폭력'이라고 부르죠.

그렇다면 힘은 행사되어도 괜찮을까요? '강압'과 '폭력'이라는 단어는 '힘'을 행사되어선 안 될 부정적인 대상으로 여겨지게 합니다. 그런데 재미있게도 우리는 가장 가까운 곳에서 이 '힘'을 마주하고 있습니다. 바로 국가가 그 주체죠. 국가는 물리적인 힘이나 폭력을 합법적으로 독점합니다. 개개인 간의 감금이나 처벌은 철저히 금지되지만, 국가권력에 의한 감금이나 처벌은 허용되죠. 그렇다면 국가가 행사하는 권력과 폭력은 어떻게 다를까요?

국가권력과 폭력의 차이는 '정당성'에 있습니다. 둘 다 강제력을 가지는 것은 공통점으로, 상대방의 의사에 반하여 힘을 행사할 수 있습니다. 돈을 빼앗아 갈 수도 있고, 가둬 둘 수도 있습니다. 우리는 원하지 않아도 운전 중에 벨트를 꼭 매야 합니다. 이를 어길 시 범칙금을 내야 하죠. 내 의사에 반해 규칙에 따르게 강제하고 돈을 내게끔 하는 건 누구든 거부하고 싶은 힘일 거예요. 하지만 국가권력은 정당성과 권위를 갖기에, 국민들이 자발적으로 복종하는 것이죠. 반면, 정당성이 없는 강제력은 폭력에 불과하기에 국민들이 권위를 인정하지도 않고 오히려 반발하거나 저항할 수 있습니다.

국가권력의 정당성은 국민이 부여한 것입니다. 그래서 국민 모두는 국민이 자발적으로 따르는 국가권력이 폭력이 되지 않도록 예의주시하고 감시해야 합니다. 그래서 투표를 하기도 하고, 다양한 방식을 통해 국민의 목소리를 내는 것이죠.

권위, 영향력

앞에서 언급했던 권위에 대해 좀 더 살펴보도록 하겠습니다. 앞서 이야기했던 '명망 있는 교수'를 떠올려 보세요. 우리는 명망 있는 교수의 말은 보통 순응하며 따릅니다. 특정 학문을 전공한 교수가 우리보다 해당 분야에 관해 더 많은 전문 지식을 가지고 있기에 따르는 것입니다. 여기서 권위는 권력과 구분되는데요. 권위는 권력과 달리 갈등을 전제로 하는 개념이 아닙니다.

가치들 간의 갈등 없이도 자발적 동의에 의해 이끌리는 힘이라는 것은, 가치들 간의 '상하관계'를 정의한다는 것이기도 합니다. 대립하기에는 게임이 안 된다는 것이죠. 대립하고 갈등하고 충돌하는 상황에서 순응하는 것이 아니라, 더 높은 가치이기에 자발적으로 순응하고 동의한다는 것입니다. 즉, 권위는 권력의 한 종류입니다. 따라서 권력은 해당 권력이 가진 압도적인 힘의 차이나 약점에 의한 것이 아니라 권위에 의존할 때 비로소 안정적으로 행사하게 될 수 있습니다.

또 한 가지, 권력과 비슷해 보이지만 구별할 필요가 있는 개념이 '영향력influence'입니다. 최근 유명인이나 연예인, 또는 공인이라는 표현보다는 인플루언서라는 표현이 자주 눈에 들어오는데요. 영향력이라는 것은 강제력의 속성이 물리적이라기보다는 심리적으로 작용하는 경우가 많습니다. 유명 연예인이나 크리에이터 등이 위협이나 강압 없이도 다른 사람들의 행동에 변화를 가져오는 것처럼 말이죠. 소위 팬심이나 존경심에 따라 영향력이 생기게 되는 것이죠.

여기서 다시 질문해 보겠습니다. 여러분이 추구하는 것은 권력인가요, 권위인가요, 영향력인가요?

권력이 권위로 인정받으려면

권위는 다른 사람들이 그 권력을 인정하고 따르는 마음입니다. 예를 들어, 선생님이 공부하라고 하면 학생들이 따르겠지만, 친구가 "숙제를 해!"라고 하면 아무도 안 듣겠죠? 권력은 권위로 인정받아야 사람들이 자연스럽게 따라오는 것입니다. 그럼 권력은 어떻게 권위로 인정받을 수 있을까요?

첫째, 공정해야 합니다. 만약 어떤 사람이 자신의 권력을 옳게 사용하지 않고, 자신의 이익을 위해 한쪽 편만 든다면 사람들은 그 권력을 존중하지 않을 겁니다. 예를 들어, 축구 심판이 일부러 한팀만 계속 유리하게 판정하면, 아무도 그 심판의 말을 따르지 않겠죠? 정해진 규칙상 어쩔 수 없이 따르더라도 그다음 경기에서는 그 사람에게 심판으로서 참여할 자격을 주지 않을 겁니다. 이렇듯 권력을 가진 사람은 모두에게 공정해야 합니다.

둘째, 사람들을 존중해야 합니다. 권력을 가진 사람이 자기 멋대로 행동하면 사람들이 그 권력을 인정하지 않겠죠. 예를 들어, 선생님이 학생들의 의견을 전혀 듣지 않고 일방적으로 명령만 한다면, 학생들은 그 선생님의 권위를 믿지 않을 거예요. 반대로, 선생님이 학생들의 의견을 존중하면서도 규칙을 지키도록 한다면, 학생들은 그 선생님을 존경하고 따르게 될 겁니다.

셋째, 지식과 경험이 중요합니다. 권위는 그 사람이 얼마나 많이 알고, 얼마나 경험이 많은가에 따라 생길 수도 있어요. 예를 들어, 축구를 아주 오래 한 친구가 "공을 이렇게 차면 더 잘 들어가."라고 알려 주면, 다른 친구들이 그 말을 믿고 따르겠죠? 왜냐하면 그 친구는 축구에 대해 많이 알고 있을 테니까요. 그래서 권력을 가진 사람은 자기 분야에서 많이 배우고, 경험을 쌓는 것이 중요합니다.

마지막으로 책임감이 필요합니다. 권력을 가진 사람은 자신이 한 행동에 책임을 져야 합니다. 만약 실수했다면 그걸 인정하고 바로잡는 것도 중요하죠. 예를 들어, 반장이 반 친구들에게 잘못된 지시를 했다면, 그걸 솔직히 인정하고 고쳐야 합니다. 그러면 친구들은 "우리 반장은 책임감이 있어!"라고 생각하며 반장의 권위를 더 인정하게 됩니다.

권력은 단순히 힘을 행사한다고 해서 사람들이 따르는 게 아닙니다. 공정하게, 사람을 존중하면서, 지식과 경험을 바탕으로, 책임감 있게 행동할 때, 그 권력은 비로소 권위로 인정받을 수 있습니다. 그러면 사람들은 그 권위를 믿고 자연스럽게 따를 거예요.

정권 획득이란?

'정권 획득'이란 말을 들어 봤나요? 정치권력은 국가가 존재하는 한 계속 유지되는 것이지만, 정권은 A정권에서 B정권, C정권으로 계속 바뀔 수 있습니다.

정치권력을 획득하고 싶은 개인이나 집단은 엄청 많지만 실제로 정치권력을 갖게 되는 사람은 극소수입니다. 이런 상황에서 어떤 사람이 정치권력을 얻게 될까요?

정치권력을 획득하는 방법으로는 선대의 정치권력을 상속받는 세습적 방법, 상대방을 정복해서 획득하는 폭력적 방법, 그리고 법으로 절차가 정해진 선거를 통해 얻는 합법적 방법이 있습니다.

세습적 방법은 역사 속 많은 나라에서 널리 쓰였습니다. 왕권이 세습되기는 했지만 누가 왕권을 계승할 것이냐를 둘러싸고 치열한 권력투쟁이 있었습니다. 우리나라도 마찬가지였는데, 특히 조선시대에 이런 현상이 심했죠. 조선시대에 있었던 왕자의 난, 인조반정, 갑자사화를 비롯한 여러 사화 등은 정치권력을 누가 장악할 것이냐를 둘러싼 치열한 권력투쟁이었습니다.

폭력적인 방법의 본보기는 군사 쿠데타인데, 군사 쿠데타는 현대에만 있었던 게 아니라 과거에도 많았습니다. 이성계의 조선 건국도 폭력적 방법을 통해 권력을 장악한 것이었죠. 박정희, 전두환의 정권 획득 역시 마찬가지입니다.

그런데 정치권력의 획득을 위해서만 폭력이 동원되는 것이 아니라 정치권력의 유지와 행사를 위해서도 폭력이 동원되는 경우가 엄청 많았습니다. 이런 일이 수시로 일어나는 나라가 독재국가입니다. 한편, 폭력적 방법으로 얻은 권력이 무조건 정당하지 못하다고 봐서는 안 됩니다. 정당한 경우가 얼마든지 있을 수 있기 때문이에요. 독재 권력을 타도하기 위한 폭력 혁명의 경우, 비록 폭력적 방법에 따른 권력 획득이지만 그 목적만큼은 정당하다고 봐야 합니다.

근대에 접어들면서 많은 나라가 합법적인 방법, 즉 선거를 통해 정치권력을 획득하고 있습니다. 이 경우에도 겉으로는 합법적인 선거로 권력을 얻는 것 같지만 실질적으로는 정부가 선거에 개입해 여당에 유리하도록 만드는 관권 선거, 금전적인 가치가 있는 물품을 주고받는 금권 선거 등의 부정선거로 권력을 획득하는 경우가 존재합니다.

그런 경우 국민의 의사와 상관없이 권력이 집중되는 결과를 가져옵니다. 이는 국민의 신뢰를 무너뜨리고 민주주의의 근본 가치를 훼손하는 심각한 문제로 이어집니다. 이러한 문제를 해결하기 위해서는 공정하고 투명한 선거 제도를 만드는 것이 중요합니다. 그래야 국민의 의사가 왜곡되지 않고 정치에 제대로 반영될 수 있습니다.

쿠데타와 혁명 쿠데타Coup d'État란 프랑스어로 '나라État의de 타격coup'이라는 의미로, 국가권력을 불법적인 방법으로 차지하는 행위를 의미합니다. 국가의 안전과 국민의 생명을 지켜야 할 군인들이 자신들의 무력을 이용해 불법적으로 정권을 잡는 행위가 바로 대표적인 쿠데타의 사례입니다. 혁명revolution은 권력이나 조직 구조의 갑작스러운 변화를 의미합니다. 이전의 관습이나 제도 따위를 단번에 깨뜨리고 질적으로 새로운 것을 급격하게 세우는 일입니다. 경제나 문화, 사상 등 여러 분야의 급격한 변화를 가리키는 말로도 사용하지만, 정치학에서 혁명은 권력의 급작스러운 교체를 뜻합니다. 그러나 민중의 지지로 권력의 근간을 바꾼다는 점에서 일부 집단의 무력에 의해 이루어지는 정변인 쿠데타와 구별됩니다. 쿠데타는 단지 지배 계급 내에서 지배 세력을 교체하는 일에 불과하기 때문이죠.

왕권신수설 옛날에는 왕이나 황제, 교황이 권력을 행사했습니다. 이에 대해 국민들은 '나보다 힘이 세지도 않고 머리도 좋지 않은 사람이 왜 권력을 행사하는 거야.'라고 문제를 제기했습니다. 왕, 황제, 교황은 이러한 의문에 대해 어떻게든 설득력 있는 대답을 해야만 했습니다. 왕권신수설에 의하면 왕은 신이 왕이 되라고 했기 때문에 왕이 된 것입니다. 따라서 왕에게 도전하는 것은 곧 신에게 도전하는 것이라는 주장입니다. 그래서 유럽의 왕들은 대관식 날 신을 대리하는 교회의 수장으로부터 왕관을 받는 상징적인 행사를 치렀습니다.

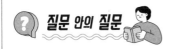

왕권신수설 말고 권력을 설명하는 이론은 어떤 것이 있을까?

17~18세기는 사람들의 세계관이 바뀐 시대입니다. 그전까지는 지구를 중심으로 행성이 돌고 있다고 생각하다가 '지구도 태양을 중심으로 도는 행성 중의 하나다.'로 생각이 바뀐 시대입니다. 신이 언제까지나 무능하고 부패한 왕권을 정당화해 줄 수 없게 된 시대이기도 했습니다. 그래서 '왕권신수설이 아니라면 현실로 존재하는 권력을 어떻게 설명할 수 있을까.' 하는 고민 끝에 사회계약론이 나왔습니다.

이 이론의 첫 번째 주자는 영국인 철학자 홉스였습니다. 홉스는 인간의 본성을 악하다고 보는 성악설을 주장했습니다. 그는 인간을 자기 욕심만 챙기는 존재로 보고, 인간을 자연 상태로 두면 서로가 도둑질하고 죽이려 한다고 봤습니다. 인간의 자연 상태를 '만인에 대한 만인의 투쟁 상태'로 설명한 것이죠. 이런 상태에서는 아무도 안전할 수 없습니다. 따라서 누군가 질서를 유지할 수 있는 강한 사람을 내세워 안전을 보장받아야 했죠. 이런 이유로 사람들은 자신의 권력 일부를 내놓았고, 이것을 모아 권력자에게 위임하게 된 겁니다. 그런데 이 권력은 한 번 위임하면 다시 돌려받을 수 없었습니다. 왜냐하면 돌려받는 순간 자신의 안전이 위협받게 되니까요. 홉스의 주장이 중요한 이유는 그가 처음으로 신을 이야기하지 않고 권력을 설명해 냈다는 데 있습니다. 권력이 신으로부터 벗어나 비로소 인간 세계의 현실로 돌아온 것이죠.

사회계약론을 주장한 또 다른 철학자 로크는 홉스와 같이 국민이 절대자에게 자신의 권력을 넘겨 두었다는 데까지는 동의했습니다. 하지만 권력을 넘겨받은 절대자가 내 뜻과 다르게 행동할 때 어떻게 해야 할 것인지에 대한 문제를 집중적으로 고민했습니다. 로크는 비록 권력은 위임했지만 그 권력 행사가 정당하지 않을 때는 저항할 수 있다고 결론을 내렸습니다. 아무리 절대 권력이라도 국민의 생명과 재산까지 마음대로 해서는 안 된다고 본 겁니다. 여기서 '저항권' 이론이 탄생합니다.

프랑스에서는 루소가 사회계약론을 주장했습니다. 루소는 개인의 개별적인 의지를 넘어, 공동선을 추구하는 일반 의지에 의해 국가가 성립된다고 봤습니다. 이 일반 의지가 법으로 나타나고 질서를 유지하기 때문에 개인이 여기에 복종해야 한다는 것이죠.

한마디로 요약하면 사회계약론은 권력을 국민 개개인이 약속에 의해 위임한 것으로 보는 이론입니다. 이러한 계약 사상은 근대 사회로 나아가는 데 결정적 역할을 했습니다. 계약의 당사자가 '나'이므로 나보다 더 존귀한 사람은 없다는 개인주의, 계약은 정당하게 이루어져야 하고 정당하게 이루어진 계약은 어떤 경우에도 지켜져야 한다는 합리주의와 법치주의 등 근대 사회를 지탱하는 중요한 사회 철학과 사상들은 모두 사회계약론에서부터 파생되었습니다.

03

국민은 나라의 주인이 될 수 있을까?

　고대 그리스의 철학자 아리스토텔레스에게, 한 젊은이가 "군주가 모든 사람의 주인인가요, 아니면 시민이 그의 주인인가요?"라고 묻습니다. 아리스토텔레스는 미소를 지으며 대답했습니다. "한 나라의 군주는 시민을 지배하는 자로 보이지만, 실제로는 시민의 명령을 따르는 첫 번째 종이란다. 군주는 시민이 세운 왕좌에 앉아 있지만, 그 왕좌는 언제든 무너질 수 있는 법이거든." 젊은이는 이해하지 못한 표정으로 다시 물었습니다. "그렇다면 왜 군주가 항상 주인처럼 행동하죠?" 철학자는 다시 미소를 지으며 답했습니다. "군주가 주인처럼 행동할 수 있는 건, 시민들이 그가 주인이라는 환상을 믿고 있기 때문이란다."

오늘날 대부분의 국가는 민주주의 국가로 신분에 따라 국민을 차별하지 않습니다. 또 국민들이 직접 투표로 대표자를 뽑습니다. 그런데 근대 이전 유럽의 모습은 오늘날과 아주 많이 달랐습니다. 왕이나 특정 귀족이 절대적인 권력을 차지하며 국가를 운영하던 절대왕정 국가였죠. 왕은 강력한 권력을 가지고 국민들의 기본권을 무시한 채 자신의 뜻대로 나라를 운영했습니다.

이 시기 유럽의 왕들은 왕의 권력을 신이 주었다고 주장했습니다. 신에게서 받은 권력이기 때문에 누구도 함부로 침범할 수 없고 신성한 것이라고 주장했죠.

서유럽에서는 스페인의 펠리페 2세, 영국의 엘리자베스 1세, 프랑스의 루이 14세가 강력한 권력을 자랑했습니다. 동유럽에서는 오스트리아 요제프 2세, 프로이센의 프리드리히 왕, 러시아 표트르 대제 등이 강력한 왕권을 가졌습니다. 이들이 강력한 왕권을 유지할 수 있었던 이유는 지방 귀족들의 권력을 통제했기 때문인데요. 지방에 사는 사람들의 세금을 중앙에 있는 왕이 직접 걷으며 권력이 강해졌습니다. 또, 다른 나라와 잦은 전쟁을 치러 국민들을 긴장시키고 이를 왕의 권력을 지키는 방편으로 삼았습니다.

아직도 왕이 있는 나라

　영국, 스페인, 덴마크 등 유럽 국가들과 일본, 태국, 브루나이 등 아시아 국가, 그리고 사우디아라비아, 요르단 등 아랍국가들과 모나코 같은 작은 나라들은 군주제를 유지하고 있습니다. 물론 대부분의 나라에서 왕은 실질적인 권력자가 아니라 상징적인 존재입니다. 그런데 사우디아라비아, 요르단, 아랍에미리트, 모로코 등 아랍권 국가들의 경우에는 아직도 왕실이 직접 국가를 통치하고 있습니다. 아랍권 왕실은 엄청난 오일 달러oil dollar(원유를 팔아 얻은 수익)를 기반으로 직접 사업에 뛰어들기도 하죠. 세계적 갑부 중 아랍의 왕자들이 많은 것도 이 때문입니다.

　군주제를 계속 유지할 것인가 말 것인가는 궁극적으로 국민이 결정할 문제입니다. 이란을 예로 들어 볼게요. 이란은 1970년대까지 팔레비 왕실이 통치했습니다. 그러다 이란 시아파 종교 지도자 호메이니가 이끄는 이슬람 근본주의자들의 혁명으로 군주제가 폐지되고 공화제로 바뀌었습니다. 왕이든 대통령이든 국민의 사랑과 신뢰를 받지 못하면 바뀔 수밖에 없다는 것을 보여주는 사례죠.

　그리고 영국처럼 왕이 상징적으로만 존재하는 정치 체제를 입헌군주제라고 합니다. 군주, 즉 왕이 존재하기는 하지만 왕의 권력을 헌법으로 제한하는 제도를 뜻하죠. 왕이 통치하지 않는다면 그럼 누가 통치를 할까요? 어떤 나라들을 보면 왕이 있는 한편 총리

40

도 있죠? 이 총리가 입헌군주제의 정치 지도자입니다. 실질적으로는 총리가 정치계의 우두머리로서 왕 대신 나라를 이끄는 역할을 하는 것입니다.

민주공화국

"우리나라는 민주공화국이다."라는 말, 어디선가 들어본 적이 있지요? 공화국은 무슨 뜻일까요? 우리가 흔히 말하는 공화국은 주권을 가진 국민이 대표자를 선출하고 이 대표자가 법과 제도를 통해 국가를 운영하는 정치제도를 말합니다. 공화국의 반대말은 군주국입니다. 군주국은 군주 한 사람이 주권을 가지고 통치하는 나라이고 공화국은 여러 사람이 주권을 가진 국가입니다.

공화국은 국민 전체가 주권을 가진 민주공화국, 귀족이 주권을 가지고 운영하는 귀족 공화국, 소수의 사람이나 집단이 주권을 가진 과두제 공화국으로 분류할 수 있습니다. 민주공화국은 모든 국민이 주권을 행사하는 나라입니다. 국민 전체가 주권자로서 활동하는 나라를 민주국가라고 합니다.

왕이 모든 것을 마음대로 했던 시절에도 법과 제도가 없었던 것은 아닙니다. 그러나 왕은 언제든지 법과 제도를 무시하고 자기 마음대로 할 수 있었죠. 법과 제도는 장식일 뿐이었습니다. 프랑스 왕 루이 14세는 이렇게 말했습니다. "짐이 곧 법이다."

유럽에서 정치제도화는 시민혁명으로 이루어졌습니다. 시민혁명 이후에는 왕도 법과 제도를 따르게 되었죠. 물론 그 이후에도 왕은 기회만 있으면 다시 옛날로 돌아가려고 했습니다. 그러나 역사를 되돌리려는 무모한 시도는 그때마다 국민들의 투쟁에 의해 좌절됐습니다. 프랑스 혁명 과정에서 왕 루이 16세와 왕비 앙투아네트는 마지막까지 옛날의 왕정으로 되돌아가려고 음모를 꾸미다 결국 단두대의 이슬로 사라졌습니다.

지금 우리가 시행하고 있는 법과 제도에 따른 통치는 왕이 지배하던 시대를 지나 200여 년에 걸친 시민혁명의 험난한 과정을 거쳐 쟁취하고 정착시킨 거예요.

나라의 주인이 되기 위한 노력

동양에서도 일찍부터 정치제도화를 위한 노력이 있었습니다. 동양의 대표적인 정치철학인 유교, 법가法家 등은 모두 예와 법으로 인간의 자의적 통치를 극복하려 했던 사상들입니다.

조선시대에도 '예와 법에 따른 통치'는 매우 중요한 정치사상이었습니다. 조선을 건국하는 데 결정적인 역할을 한 정도전은 나라가 왕의 것이 아니라 백성의 것이므로 백성의 뜻에 따라 나라를 다스려야 한다고 생각했습니다. 또 왕은 세습되므로 좋은 왕이 나올 수도 있고 나쁜 왕이 나올 수도 있으니 정치는 왕보다 신하를 중심으로 이루어져야 한다고 주장했죠. 신하들은 여러 가지 시험도 거치고 일하는 과정에서 능력과 도덕성을 검증받기 때문에 왕 한 사람에게 맡기는 것보다 훨씬 안전하다는 것이지요.

이렇듯 당시로서는 매우 혁신적인 신권론臣權論을 주장한 정도전은 결국 왕권 강화를 노리던 이방원의 공격을 받아 암살당하고 맙니다. 그러나 왕의 자의적 통치에 나라를 맡겨서는 안 된다는 정도전의 신권 사상은 후세의 사림과 성리학자들에게 전해졌고 지금의 헌법과 같은《경국대전經國大典》의 완성으로 이어졌습니다.

연산군처럼 폭거를 일삼은 예외적인 경우를 제외하고 조선의 왕들은 대체로《경국대전》의 틀을 지키면서 의정부나 육조六曹 등의 정부 조직을 통해 제도적 통치를 하려고 노력했습니다. 그러나 아무리 현명한 왕이 나타나서 법과 제도에 따라 나라를 다스린다 해도 백성은 여전히 통치의 대상이지 나라의 주인은 아니었습니다. 이런 상태에서는 왕이 마음만 바꾸면 언제든 선한 정치가 포악한 정치로 돌변할 수 있었습니다. 누가 왕이 되든지 흔들리지 않는 법과 제도에 따른 통치 질서가 필요했고, 이러한 새로운 질서는 시민혁명과 근대화를 거치지 않으면 만들어 낼 수 없었던 것이죠.

동서양을 막론하고, 국민이 나라의 주인이 되고자 하는 노력은 계속되어 왔고, 오늘날에 이르러 그 틀이 갖춰진 셈입니다.

여러 나라가 근대화를 거치며 민주주의 통치 체제를 확립해 나갔고, 우리나라도 그 흐름 속에 있었습니다. 특히, 법과 제도에 기반한 정치제도화는 대한민국 정부가 수립된 이후 본격적으로 이루어졌습니다.

1948년 7월 17일 우리나라의 헌법이 만들어졌고, 이때 제정된 헌법에 따라 1948년 8월 15일 대한민국 정부가 출범했어요. 이 헌법을 통해 우리나라에도 드디어 법치주의가 시작됩니다. 국민의 자유와 권리 보장을 위해 국가권력을 제한하는 원리들이 헌법에 반영된 것이죠. 우리가 제헌절을 국경일로 기념하는 이유가 바로 여기에 있습니다.

그러나 법과 제도에 의한 통치가 곧바로 튼튼하게 자리 잡지는 못했습니다. 법과 제도보다는 권력자의 자의적 결정으로 다스려진 적이 많았지요. 또 권력자가 자신의 권력 연장을 위해 법을 무시하거나 헌법을 마음대로 뜯어고친 경우도 많았습니다. 이러한 자의적 지배와 폭정을 바로잡기 위해 국민들이 나선 대표적인 예가 1987년의 6월 민주 항쟁이에요.

"모든 권력은 국민으로부터 나온다. 법과 제도에 의하지 아니하고는 어느 누구도 국민을 통치할 수 없다." 이것이 6월 민주 항쟁의 정신이었습니다. 지금 우리는 6월 민주 항쟁이 만들어 낸 민주주의

사회에서 살고 있는 거예요.

프랑스 시민혁명, 영국 명예혁명, 미국의 독립전쟁을 3대 시민혁명이라고 부릅니다. 17~18세기에 걸쳐 이뤄진 3대 시민혁명은 인간의 기본권은 하늘로부터 부여받은 신성불가침한 권리라는 천부인권론을 확립하는 주요한 사건들이에요. 천부인권론은 인권의 절대성을 강조하는 정치 사상입니다. 인간의 존엄성을 지키기 위해 꼭 필요한 권리, 즉 기본권은 어떤 경우에도 포기해서는 안 되고, 그 누구도 이를 침범하면 안 된다는 사상이에요. 아무리 거대한 국가권력도 한 개인의 인권과 기본권보다 더 소중하거나 강력하지 않다는 것이죠.

또한, 국민이 나라의 주인으로서 역할을 할 수 있는 제도적 기반 마련을 위해, 인간은 법이라는 사회적 약속 외에 어떠한 지배도 받지 않는다는 법치주의를 확립했습니다. 아울러, 권력이 입법·사법·행정으로 분리되어 상호 견제와 감시를 통해 운영되어야 한다는 삼권분립 제도도 정착됐습니다. 이로써 인류는 역사상 가장 발전된 정치제도인 민주주의 시대를 맞이하게 되었어요. 링컨이 말한 "국민의of the people, 국민에 의한by the people, 국민을 위한for the people" 정치가 드디어 실현된 것이죠.

전제군주제, 입헌군주제 불과 몇 백 년 전만 해도 군주는 무제한적으로 권력을 휘두를 수 있는 절대적 권위를 가지고 있는 존재였습니다. 조선시대 왕도 마찬가지고, 유럽이나 다른 아시아 국가들의 왕도 그러했죠. 이러한 정치체제를 '전제군주제'라고 불렀습니다. 시간이 지나 이런 절대적인 권력을 가진 군주의 정치가 과연 올바른가에 대한 의구심이 사람들 사이에서 일어나기 시작했습니다. 그 결과 국민들은 군주의 권한을 제한하기 위해 수많은 혁명과 시위를 일으켰습니다. 그렇게 해서 생겨난 게 바로 '입헌군주제'입니다. 입헌군주제는 나라의 최고 지위에 있는 사람, 즉 군주의 권력을 헌법으로 제한하는 정치 형태를 말하는데요. 군주를 타도하고 근대국가를 형성한 17세기 영국에서 처음으로 확립된 것입니다.

절대 권력, 루이 14세 프랑스의 왕 루이 14세는 자신을 '태양신의 아들', '태양왕'이라고 했습니다. 그러면서 자신의 권력은 신에게서 받았다고 주장했어요. 이를 왕권신수설이라고 합니다. 이 시기에는 지방에서 귀족들이 보던 업무도 왕이 직접 관리했기 때문에 왕의 권력을 키우기 좋았죠. 루이 14세는 자신의 절대 권력을 내세우기 위해 파리 근교에 바로크 양식의 베르사유 궁전을 지었습니다. 베르사유는 절대주의 왕권의 중심이자 프랑스의 중심이 되었습니다. 귀족들은 베르사유 궁전에 찾아가 파티를 즐기고 왕의 비위를 맞추기에 바빴습니다. 루이 14세는 무려 72년이란 오랜 시간 동안 권력을 누렸습니다.

6월 민주 항쟁 전두환은 무력 쿠데타로 대통령이 된 이후 신문과 방송을 통제하고 민주화를 요구하는 사람들을 탄압했습니다. 그러던 중 1987년 1월 민주화 운동에 참여했던 서울대학교 학생 박종철이 조사 중 고문으로 사망하는 사건이 벌어졌습니다. 경찰에서 사망 원인을 거짓으로 발표하자 시위는 더 크게 일어났습니다. 연세대학교 정문 앞에 학생들이 모여 박종철 죽음의 진실을 밝히고 책임자를 처벌하라고 외쳤습니다. 시위를 진압하러 온 경찰들은 학생들을 향해 최루탄을 쏘았어요. 이때 연세대학교 학생이었던 이한열이 최루탄에 맞아 사망하였습니다. 이한열의 죽음이 알려지자 전국에서 더 많은 시위가 열렸습니다. 학생뿐 아니라 시민들도 나서서 전두환 정권의 독재에 반대하고 대통령을 국민의 손으로 직접 뽑을 수 있는 직선제를 요구했고, 1987년 6월 10일 전국적으로 국민의 함성이 뜨겁게 달아올랐습니다. 이 시위를 6·10 민주항쟁이라고 합니다.

6·29 민주화 선언 시민들이 대통령 직선제 헌법 개정을 포함한 민주화를 요구하며 거리 시위를 계속하자 전두환 정권은 대통령 직선제 개헌을 약속하는 '6·29 선언'을 발표했습니다. 국민들의 요구를 받아들여 자유로운 출마와 공정한 경쟁을 보장하는 쪽으로 대통령 선거법을 개정하겠다고 선언한 것이지요. 1987년 10월, 국민투표로 헌법 개정이 이루어졌고, 그다음 대통령 선거는 직선제로 치러졌습니다. 현재까지 유지되고 있는 제9차 개정헌법은 이때 발의된 것입니다.

공화정은 어떻게 탄생한 걸까?

공화정은 왕 개인이 아닌 공동에 의한 의사결정 방식을 취하는 정치 형태입니다. 정확히 말하면 왕 포함 누구에 의해서도 국가의 의사결정이 독점되지 않는다는 뜻입니다. 근대 이전에도 그리스의 도시 국가, 고대 로마의 통치 형태, 르네상스 시대 이탈리아의 도시 국가에서 공화제를 채택한 경우가 있습니다. 공화국 republic의 개념도 비슷합니다. 공공의 것 res publica으로서의 국가를 가리키죠. 우리가 흔히 말하는 공화국은 주권을 가진 국민이 대표자를 선출하고 이 대표자가 법과 제도를 통해 국가를 운영하는 국가 체제를 말합니다. 고대 로마는 이의 원형으로 꼽히죠.

로마는 처음부터 공화국은 아니었습니다. 기원전 753년 건국

된 로마는 약 200년 동안 왕정을 지속합니다. 그러다 정복 활동의 실패로 국력이 떨어지자 귀족들의 합의체인 원로원 세력이 왕정을 몰락시키는데요. 이때부터 로마 공화정이 시작됩니다.

로마 공화정은 한 사람이 전적으로 통치를 좌지우지하지 않고 누구나 국가 운영에 영향력을 발휘하는 형태를 취했습니다. 세 계급이 서로 견제하며 균형을 이뤘죠. 귀족과 평민, 그리고 정무관이라는 이름의 통치계급입니다. 정무관 중에는 다시 집정관이라는 최고 통치권자가 시민의 직접선거로 선출됩니다. 상호 견제 및 대내외 역할 분담을 위해 두 명을 두었으며, 독재를 막기 위해 임기도 1년으로 매우 짧았습니다.

사실 로마 공화정은 원로원 세력에 의해 시작된 만큼 귀족의 입김이 세고 자칫 과두정으로 흐를 여지가 컸습니다. 그러나 로마 공화국의 평민들은 자치와 자유를 위해 열정적으로 투쟁했습니다. 스스로 외적을 물리치기 위해 나서는 한편 적극적으로 귀족들과 다툼을 벌이기도 했죠. 내부 투쟁에서 우위를 점하고자 전쟁에서 철수하는 모습도 보여주고요.

결국 귀족들은 모든 것을 잃지 않기 위해 평민에게 일정 몫을 허용하는 결정을 내립니다. 평화의 대가로 모든 시민에게 일정한 권리를 부여한 것입니다. 평민의회는 공식 지위를 얻고 관료 선출에 대한 권리도 얻죠. 이들이 바로 평민들을 대표하고 법률 사건에 개입했던 호민관입니다. 또한, 암묵적으로 원로원 귀족 출신에서만 두 명의 집정관을 선출하던 관행에서 벗어나, 한 명은 반드시 평민 출신이어야 한다고 법률로 규정하는 균형을 이루는 데도 성공합니다. 이러한 일련의 공화적 개혁 조치를 통해 이룬 내부 통합과 정치적 성장은 로마가 이탈리아 지역을 정복하고 나아가 지중해 패권을 차지하는 발판이 됩니다.

로마 공화정은 귀족과 평민이 서로 세력 균형을 이룬 가운데 집정관으로 하여금 정치를 담당하도록 한 일종의 대의제입니다. 그러나 주목할 점은 대표자의 독단을 막기 위한 상호 견제와 권력 분립이 철저했다는 점입니다. 통치를 담당하도록 선출되는 정무관 계급의 통치는 법에 따르는 법치이며, 민회와 호민관의 견제를 받고 국가 중대 사항은 귀족 모임인 원로원의 자문과 재가를 구해야 했죠. 더구나 고위직에 대해 원로원이나 민회의 탄핵 제도도 보장했습니다. 이런 구조 아래서 로마는 그야말로 공공의 나라, '공화국'일 수 있었습니다.

04

대통령제와 의원내각제 중 무엇이 나을까?

영국의 유명한 소설가 찰스 디킨스는 1842년 미국을 여행한 후, 당시 미국의 대통령제를 보고 크게 놀라며 흥미로운 글을 남겼습니다. 그는 영국에서 주로 경험한 의원내각제와는 다른, 미국 대통령제의 독립적 권력 구조에 놀라워하면서도, 대통령이 의회와 별도로 막대한 권한을 가졌다는 점에 의문을 제기했습니다. 디킨스는 특히 "한 사람이 이렇게 많은 권력을 쥐고 있으면서도, 그에게 책임을 물을 방법이 거의 없는 구조가 놀랍다."라고 적었습니다.

대통령제와 의원내각제는 오늘날에도 많은 국가에서 채택하고 있는 주요 정부 형태입니다. 두 제도는 정부의 권력 배분과 운영 방식에 있어서 큰 차이를 보이며, 각기 다른 장단점을 가지고 있습니다. 지금부터 두 제도에 관해 제대로 알아 보려 합니다.

세상에는 수많은 나라가 있습니다. 다양한 민족이 있고 각기 다른 언어를 사용하고 있지요. 또한 민족마다 고유한 문화가 있고, 각기 알맞은 정부 형태를 가지고 있습니다. 민주주의 국가에서 정부 형태는 크게 두 종류입니다. 영국이나 독일 등이 채택하는 의원내각제, 미국이나 대한민국 등이 채택하는 대통령제입니다.

의원내각제에서는 보통 의회의 다수당 대표가 총리가 되어 내각, 즉 정부를 구성하고 국정을 운영합니다. 의원이 내각을 구성하니까 '의원내각제'인 것이죠. 의원내각제에서는 선거를 한 번만 치릅니다. 국민투표를 통해 의회가 구성되면, 의회에서 행정부를 구성하고 행정부가 의회에 대해서 책임지는 형태로 정치를 합니다. 그럼 의원내각제의 장점은 뭘까요? 바로 투잡two-job이 가능하다는 점입니다. 의원들은 국민의 의견을 대변해 법을 제안하는 동시에, 총리나 장관이 되어 법에 따라 정책을 실행하는 역할도 맡을 수 있습니다. 완전 열일하는 정부 형태입니다.

내각은 의회에서 선출되기에 의회의 눈치를 볼 수밖에 없습니다. 만약 내각을 맡은 여당이 일을 너무 못해서 국민 지지도가 엄청나게 떨어지면 어떻게 해결할까요? 그런 경우엔 야당을 비롯한 의회는 '내각불신임권'을 통해 내각에게 정치적 책임을 물을 수 있습니다. 내각을 구성하는 총리와 장관을 모두 사퇴시키고 새로운 내각을 만들 수 있는 것이죠. 이처럼 의회의 영향력이 크기에 내각은 자연스레 정치적 책임에 민감해지게 됩니다. 그리고 국민이 직접 뽑은 의원들이 그대로 내각에 진출하므로 대통령제보다 국민의 뜻을 정치에 더 효율적으로 반영할 수 있습니다. 투잡이 가능한 의원에게 국민들이 의견을 전달하면 법 제정부터 정책 실현까지 일사천리로 이루어질 수 있기 때문이죠.

그리고 내각은 의회에 대해 '의회해산권'을 쓸 수 있습니다. 의회해산권은 기존의 의회를 무너뜨리고 총선거를 실시해 새로운 의회를 구성할 수 있는 권리입니다. 만약 내각이 의회를 해산시키면 선거가 다시 실시되고 새로운 의회가 구성되겠죠. 따라서 의원내각제에서 내각불신임권과 의회해산권이 남발되면 정국이 불안정해질 우려가 있습니다. 예를 들어 영국은 브렉시트 때 2016년부터 2021년까지 총리가 세 번 바뀌었습니다.

대통령제 구석구석 파헤치기

대통령제는 투잡이 금지되어 있습니다. 대통령은 의회와는 완전히 독립적인 사람들로 내각을 구성해야 합니다. 그래서 대통령제는 대통령 선거(대선)와 국회의원 선거(총선), 총 두 번의 선거를 치릅니다.

대통령제는 대통령이 중심이 되어 국정을 책임지는 정부 형태입니다. 따라서 대통령이 자신의 임기 동안 강력한 정책을 수행할 수 있고, 정책의 연속성이 보장됩니다. 즉, 임기 동안 정국의 안정을 꾀할 수 있다는 장점을 가져요. 또한 법을 직접 제안할 수는 없지만, 의회가 제출한 법률안을 거부할 수 있습니다. 대통령의 법률안 거부권은 의회의 다수파를 견제하고 소수파의 권익을 보호하는 기능을 합니다. '우리 정당이 의회를 장악했으니 마음껏 권력을 휘두를 수 있겠구나!' 하고 생각한다면 엄청난 오산입니다. 의회가 의결한 법률안을 대통령이 거부함으로써 그 효력이 발생하지 못하도록 할 수 있기 때문이죠.

그런데 말입니다. 이런 장점 자체가 치명적인 단점이 되기도 합니다. 대통령의 권한이 지나치게 강해져 독재가 등장할 수 있거든요. 남미의 군사정권이라든지, 우리나라 이승만 정부나 박정희 정부 역시 대통령제를 배경으로 나타난 독재정권입니다. 또한 의회와 행정부가 지나치게 분리되어 운영되기 때문에 양자 간 조화가 어렵고, 서로 대립할 경우 원만하게 해결하기 어렵다는 것도 문제입니다. 예를 들어 의회 선거에서는 A당이 승리했지만 대통령 선거에서는 B당이 승리한다면 여당과 다수당이 달라지는데요. 이때 의회와 행정부가 대립한다면 갈등이 심화될 수 있습니다.

한편, 대통령제에서 정부가 일을 너무 못한다면 어떻게 해결할까요? 방법은 있습니다. 바로 의회의 탄핵소추권입니다. 대통령을 비롯한 고위 공직자가 직무 집행에 있어 헌법이나 법률을 위배한 경우, 헌법이 정하는 권한과 절차에 따라 의회가 법적인 책임을 추궁할 수 있습니다.

그런데요. 실제로 이 두 제도에 완벽하게 부합하는 정부는 어디에도 없습니다. 각 나라는 자신들의 상황에 맞게 두 제도를 적절히 섞어 정부를 만들기 때문이에요. 그럼 정부 형태에 대해 더 자세히 살펴봅시다.

이원정부제 요리조리 살펴보기

이원정부제(이원집정부제)는 말 그대로 대통령제와 의원내각제를 적당히 혼합한 제도로 대표적인 나라는 프랑스가 있습니다. 이원정부제는 의원내각제와 동일하게 국민들이 선거를 통해 국회의원을 선출하고, 국회의원은 자기들이 원하는 인물을 행정부의 수장인 총리로 선발합니다. 하지만 대통령제와 마찬가지로 선거를 통해 대통령도 선출하게 되는데요. 국민이 뽑은 대통령과 의회가 뽑은 총리가 행정부를 둘로 나눠서 운영하기 때문에 이원정부제라는 표현이 붙은 것입니다. 국민이 직접 선출하는 대통령은 외교, 국방 같은 대외적인 부분만 담당하고, 총리는 경제, 복지, 교육 같은 국내 정치를 담당합니다.

프랑스는 준대통령제 또는 의회주의적 대통령제라고 불리는 이원정부제로, 대통령이 소속된 정당이 의회의 다수당일 때는 순수

한 대통령제 국가의 대통령보다 강력한 권한을 행사할 수 있습니다. 국민이 뽑는 대통령에게 총리 임명권, 국회 해산권, 비상사태 대처권을 부여하면서 의회에는 대통령에 대한 불신임권을 주지 않아 의원내각제에 비해 대통령의 권한이 막강합니다. 그러나 의회는 총리 불신임 권한을 가지고 있으며 불신임이 가결될 경우 사임하도록 하고 있어 그 나름대로 견제와 균형을 추구하고 있죠.

그러나 대통령이 소속된 정당이 소수당이 되었을 때에는 다수당 출신의 총리를 임명해야 하는데, 이를 좌우 동거 정부라고 합니다. 이 말은 좌파와 우파가 대통령과 총리를 나누어 맡아 국정을 함께 수행하는 정부를 가리킵니다. 좌우 동거 정부가 들어서면, 대통령의 권한은 국방과 외교에 한정되고 총리가 경제 등 나머지 모든 권한을 가지게 됩니다. 이 경우 대통령과 총리가 대립해 정치가 불안정해질 수도 있습니다.

 # 좌파, 우파 진보를 좌파라 하고 보수를 우파라 하는 말은 프랑스 혁명 때 열렸던 국민의회에서 유래했습니다. 이 회의에서 왼쪽엔 왕정을 무너뜨리고 프랑스를 근본적으로 변화시키려는 공화파가 앉고, 오른쪽엔 왕정 체제를 유지하고자 하는 왕당파가 앉았는데, 이 같은 자리 배치는 루이 16세가 처형된 후 열렸던 국민공회 때도 마찬가지였습니다. 서민들을 대신하여 급진적인 변화를 주장하는 '자코뱅파'는 왼쪽에, 부자 계층을 대표하여 점진적인 변화를 꾀하는 '지롱드파'는 오른쪽에 자리를 잡았죠. 이렇게 급진적으로 개혁적인 성향, 즉 진보 성향을 지닌 사람들이 왼쪽에 앉았기 때문에 진보 성향을 좌파라 하고, 점진적이고 보수적인 성향을 지닌 사람들이 오른쪽에 앉았던 데서 보수 성향을 우파라 부르게 됐습니다.

 # 여당, 야당 여당의 '여輿'는 '따르다, 돕다, 같이, 함께'라는 뜻입니다. 정부와 함께한다는 뜻이지요. 대통령제에서는 국회의원 선거 결과와 상관없이 대통령을 배출한 정당을 '여당'이라고 합니다. 정부의 수장인 대통령이 가장 큰 힘을 가진 만큼, 어느 정당에 소속된 인물이 대통령이 되는 것을 "정권을 잡았다."라고 말합니다. 야당의 '야野'는 '들판'이라는 뜻으로 공직의 바깥, 즉 정부의 외부에 있다는 의미를 담고 있습니다. 즉, 현재 정권을 잡고 있지 않은 정당을 '야당'이라고 합니다. 여당을 제외한 나머지 정당들은 모두 야당입니다. 대통령제에서 대통령을 배출한 정당을 여당이라고 한다면, 의원내각제에서는 의석이 많은 다수당을 여당, 의석이 적은 소수당을 야당이라고 합니다.

의원내각제는 어디서
처음 시작되었을까?

의원내각제는 입헌군주제와 마찬가지로 영국에서 처음 시작되었습니다. 1714년 앤 여왕이 사망한 후, 독일계 왕손 게오르크가 조지 1세로 왕위에 올랐습니다. 앤 여왕에게 자식이 없었기 때문에 제임스 1세의 외증손자였던 그가 왕위에 오른 것입니다. 그런데 조지 1세는 독일 하노버 출신으로 영어를 못했기에 국정 운영에 많은 어려움을 겪었습니다.

정치란 소통을 통해 정책을 만들어 가는 과정입니다. 지도자가 그 나라의 언어를 모른다는 것은 소통의 단절을 의미했고, 따라서 왕이 주도하는 정치는 사실상 불가능한 것이나 다름없었습니다. 만일 우리나라 대통령이 중국이나 미국에서 나고 자라 우리말을 하지 못한다고 가정해 보면 고개가 끄덕여질 거예요.

조지 1세는 정치에 큰 관심을 두지 않았습니다. 언어적 문제로 여러 가지 골치 아픈 나랏일을 다른 사람에게 미루기도 했어요. 그래서 영국은 이름뿐인 왕 대신 장관회의에 실질적인 권한을 부여했습니다. 장관회의를 내각으로 바꾸고, 의회에서 다수당의 당수를 총리로 선출해 내각을 다스리게 했습니다. 그 결과 총리와 내각이 정치를 이끌게 되었고, 왕은 정치에 대한 실질적인 권한을 잃은 채 상징적인 왕으로만 존재하게 되었습니다. 이렇게 영국에서 의원내각제는 입헌군주제와 함께 탄생하고 발전했어요.

영국은 왕 대신 의회가 정치를 주도하는 의원내각제를 통해 민주주의의 기틀을 다졌습니다. 과거 '해가 지지 않는 나라'로 통할 만큼 막강한 힘을 자랑한 영국의 통치 체제는 많은 나라에서 받아들이게 되었고, 의원내각제는 대통령제와 더불어 전 세계 민주정치 제도의 양대 산맥으로 자리 잡게 되었습니다. 일본, 스페인, 스웨덴, 덴마크, 벨기에, 태국 등이 국왕이 있으면서 의원내각제를 채택한 나라들입니다.

대통령제는 어디서
처음 시작되었을까?

　18세기 후반, 미국은 영국으로부터 독립을 선언한 후, 어떤 정치 시스템을 채택할지 고민했습니다. 그 당시 대부분의 나라는 왕이나 황제가 통치하는 군주제를 택했지만, 미국은 영국 왕의 권위에서 벗어나고자 완전히 새로운 방식의 정부를 구상했죠.

　독립전쟁이 끝난 후, 미국은 처음에는 느슨한 연방 정부를 구성했는데요, 이 체제는 '연합규약'이라고 불렸습니다. 하지만 이 시스템은 너무 약해서 제대로 기능하지 못했죠. 각 주 사이의 갈등이 커지고, 중앙 정부는 세금도 걷지 못하고 군대도 제대로 유지할 수 없었어요. 그러다 보니 새로운 헌법을 만들어야 한다는 필요성이 점점 커졌습니다.

　1787년, 미국 헌법을 만들기 위해 필라델피아에서 열린 '헌법 제정 회의'는 새 나라를 이끌 정치 시스템을 고민했습니다. 당시 많은 사람들이 영국의 왕정, 특히 강력한 군주가 다시 등장하는 것을 두려워했죠. 그렇다고 유럽의 다른 나라처럼 강력한 의회만 있는 시스템도 문제라고 생각했습니다. 그들은 국가의 리더가 필요했지만, 절대 권력을 가진 사람은 원하지 않았죠.

이때 대두된 아이디어가 바로 '대통령'이라는 새로운 리더십 방식입니다. 헌법 제정자들은 강력하지만 절제된 리더를 원했고, 이를 위해 다양한 견제와 균형 시스템을 도입했습니다. 대통령은 강력한 행정부의 수장이지만, 의회와 대법원이 그 권한을 견제할 수 있도록 했죠. 대통령은 국민이 선출하고, 임기는 4년으로 제한했으며, 의회가 법률을 만들고 재정 정책을 관리하도록 함으로써, 한 개인이 모든 권력을 독점하지 못하게 했습니다. 이처럼 미국의 대통령제는 단순히 권력을 분배한 것이 아니라, 왕정과 의회 정치 사이의 균형을 통해 새로운 정치 문화를 창출한 혁신적인 시스템이었습니다.

미국이 처음으로 대통령제를 도입한 이후, 많은 나라가 이 시스템을 차용하면서 민주주의의 중요한 모델 중 하나가 되었습니다. 첫 번째 대통령인 조지 워싱턴도 중요한 역할을 했는데, 그는 자신의 위치에서 왕처럼 군림하지 않고, 임기를 마친 후에는 스스로 권력을 내려놓았습니다. 이 덕분에 대통령직은 민주적인 정신을 가진 리더십의 상징으로 자리 잡았습니다.

정의로운 국가는
어떤 국가인가요?

가끔 우리가 사는 나라에 화가 날 때가 있습니다. 부패한 정치인, 소모적 정쟁, 가짜 뉴스 같은 것들은 다른 나라도 똑같을지 의문을 가지게 되고요. 현실에 만족하는 사람은 안정을 소망하고, 현실이 불합리하다고 느끼는 사람은 변화를 희망하죠. 부조리한 세상과 적나라하게 마주칠 때마다 머릿속으로 상상하는 이상적 국가를 떠올려 봅니다.

플라톤은 자신의 나라인 아테네에 분노했습니다. 아테네의 민주주의가 소크라테스를 처형했기 때문이죠. 그는 자신이 생각하는 이상 국가의 모습을 고민하게 되었고 그 결과로 나온 것이 '대화편'이라고 불리는 『국가』입니다. 그가 낙원으로 생각했던 나라는 정의로운 나라였습니다. 그렇다면 플라톤이 생각했던 정의는 무엇일까요?

플라톤은 우선 인간의 영혼에 주목했습니다. 그는 인간의 영혼이 이성, 의지, 욕망으로 이루어져 있다고 보았죠. 플라톤은 어떤 인간의 정체성이란 이 세 가지 요소의 관계에 따라 결정된다고 주장했습니다.

그는 두 마리의 말이 모는 마차를 비유하여 이성이라는 마부가 의지와 욕망이라는 말을 몰아야 한다고 생각했습니다.

플라톤은 국가를 거대한 인간이라고 생각했습니다. 따라서 이상적인 인간의 모습을 국가에 적용하면 이상적인 국가의 형태도 추론할 수 있을 것이라 보았죠. 그는 이성의 이상적인 모습은 지혜이고, 의지의 이상적인 모습은 용기이며, 욕망의 이상적인 모습은 절제라고 하면서 정의란 이 세 요소가 합해져서 조화를 이룬 것이라고 했습니다.

그는 인간의 영혼을 세 요소로 나누었듯이, 국가의 시민을 세 계급으로 분류했습니다. 국가는 생산자 계급, 전사 계급, 지배자 계급으로 구성되어 있다는 것이죠. 생산자는 평민 계급으로 국가에서 생산 활동을 담당하고, 대다수의 사람이 여기에 속합니다. 생산자는 영혼에서 욕망의 비율이 가장 높은 사람이고 이들의 덕arete은 절제가 됩니다. 전사는 국방의 의무를 담당하는 군인입니다. 전사는 영혼에서 의지의 비율이 가장 높은 사람이고 이들의 덕은 용기가 됩니다. 마지막으로 지배자는 나라를 다스리는 사람입니다. 지배자는 영혼에서 이성의 비율이 가장 높은 사람이고 이들의 덕은 지혜가 됩니다.

플라톤은 영혼의 세 요소가 제 역할을 하는 것이 정의로운 국가라고 했습니다. 플라톤은 지배자 계급에 가장 잘 어울리는 사람이 철학자라고 봤습니다. 철학자가 통치자가 되거나 통치자가 철학자가 되지 않는 한 이상 국가는 없다는 것이죠.

플라톤은 "훌륭한 사람이 정치에 나서지 않는다면 그에 대한 최대의 벌로 자기보다 못한 사람에게 통치를 당한다."라고 말했습니다. 이 문장은 현대 민주주의 사회에서 이렇게 변형되어 회자되죠. "사람들이 정치에 무관심하면, 자신들보다 못한 사람의 통치를 받는다."

플라톤(B.C. 428년~B.C. 347년경)

아테네의 귀족 출신인 플라톤은 소크라테스의 제자이자 아리스토텔레스의 스승이었어요. 플라톤은 30여 편의 대화록을 남겼는데, 그 안에 담긴 『이데아론(형이상학)』, 『국가론』 등은 고대 서양 철학의 최고봉으로 평가받고 있어요.

2장

권력은 나눌 수
있는 걸까?

01

삼권분립은 꼭 필요할까?

몸에는 영양소가 필요합니다. 영양소는 온몸의 각 기관에 고루 전달되어야 하죠. 만약 영양소가 배에 집중된다면 배가 볼록 나와 보기 좋지 않을뿐더러 건강에도 안 좋을 것입니다. 머리에만 집중된다면 끊임없이 지적 활동을 할 수 있겠지만 몸은 심각한 수준으로 앙상해지겠죠. 몸이 건강해지려면 영양분이 몸속 전체에 골고루 균형 있게 전달되어야 해요. 그러면 우리 몸은 더욱 튼튼해질 거예요. 나라도 마찬가지입니다. 진정한 민주주의 국가가 되려면 나라의 힘도 지나치게 한곳으로 몰리면 안 됩니다. 권력을 나누는 것이 우리에게 어떤 변화를 줄 수 있을지 같이 생각해 봅시다!

권력 분립의 개념은 국가의 힘을 한 사람이 모두 가지면 권력이 남용될 위험이 있다는 문제의식에서 시작됐습니다. 고대 그리스와 로마에서도 여러 사람이 권력을 나누어 맡는 시도가 있었어요. 특히, 로마 공화정 시기에는 서로 견제할 수 있도록 여러 집정관을 두었습니다. 이런 초기의 시도들은 삼권분립의 기초가 되었죠.

삼권분립을 본격적으로 주장한 사람은 프랑스의 사상가 몽테스키외입니다. 그는 저서 『법의 정신』에서 입법(법을 만드는 힘), 행정(법을 집행하는 힘), 사법(법을 해석하고 판단하는 힘)을 분리해야 각 권력이 서로를 견제하며 균형을 이룰 수 있다고 설명했어요. 그는 "힘이 있는 사람이 법을 정하고 집행하고 판단까지 하면 국민의 자유가 위험하다."라는 것을 지적하며, 특히 권력을 나누는 것이 자유를 지키는 방법이라고 했죠.

미국은 독립전쟁 이후 헌법을 제정할 때, 몽테스키외의 영향을 받아 삼권분립을 헌법에 명시했어요. 입법부, 행정부, 사법부를 서로 다른 기관으로 분리해 권력을 나눠 가지게 했죠. 이는 당시 혁신적인 시도였고, 이후 영국, 프랑스를 비롯한 대부분의 국가에서 삼권분립을 채택하며 보편적인 민주 정치 형태로 자리 잡게 되었습니다.

삼권분립에 대한 찬반론

삼권분립은 왕의 권력에 맞서 국가권력의 집중을 막고 국민의 자유와 권리를 보장하기 위해 만들어진 정치적 원리가 발전하여 현대 민주주의 국가에 제도화된 것을 말합니다. 하지만 현대 사회에서는 복잡한 사회문제들이 많이 발생하는데, 이런 문제의 신속한 해결과 복지 실현을 위해 삼권분립이 더 이상 필요하지 않다는 주장이 제기되기도 합니다.

삼권분립이 현대 민주주의의 필수요소라고 보는 이들은 이렇게 주장합니다. 우선, 삼권분립은 한 기관이나 사람이 모든 권력을 갖는 것을 방지합니다. 입법부, 행정부, 사법부가 서로 독립되어 있어, 각 기관이 서로를 견제하며 균형을 이루기 때문이죠. 이러한 구조 덕분에 권력이 남용될 위험이 줄어들며, 국민의 자유와 권리가 보장됩니다.

또한, 삼권분립은 국민의 권리를 지키는 데 중요한 역할을 합니다. 행정부가 법을 잘못 집행하려 하면 사법부에서 이를 막을 수 있고, 국민이 부당한 대우를 받을 때 사법부를 통해 공정한 재판을 받을 수 있습니다. 그리고 입법부는 행정과 사법이 과도하게 권력을 행사하지 않도록 법을 제정해 국민을 보호합니다. 그래서 현대 국가에서 삼권분립은 민주주의의 기본 원칙이자 국민의 권리를 보호하는 필수적인 장치로 여겨집니다.

삼권분립이 현대 사회에 불필요하거나 비효율적이라는 주장은 다음과 같습니다. 우선, 삼권분립은 각 기관이 독립적으로 운영되어야 한다는 원칙 때문에 정책이 빠르게 집행되지 못하는 경우가 있습니다. 행정부에서 시급한 정책을 추진하려 해도 입법부의 승인을 받아야 하거나 사법부의 판결을 기다려야 하는 상황이 많습니다. 이러한 과정이 길어지면 국민에게 피해가 갈 수 있죠.

또한, 삼권이 서로 독립적이면서도 견제 관계에 있다 보니, 문제가 생겼을 때 각 기관이 서로 책임을 미루는 일이 발생하기도 합니다. 예를 들어, 정책의 실패나 문제 발생 시 행정부는 입법부의 탓을 하고, 입법부는 행정부에 책임을 묻는 상황이 생겨 국가 운영이 비효율적일 수 있다는 것이죠. 이러한 이유로 삼권분립이 현대 국가에서 꼭 필요하지 않다고 주장하는 사람들도 있으며, 상황에 따라 유연한 권력 구조가 더 적합하다고 보는 의견도 있습니다.

그럼에도 불구하고 삼권분립은 중요하다!

오늘날 모든 민주주의 국가에서는 삼권분립을 채택하고 있고 우리나라에서도 입법부, 행정부, 사법부로 국가의 권력이 나뉩니다. 국가의 권력을 세 개로 나누었다고 해서 '삼권분립'이라고 하죠. 그렇다면, 왜 이렇게 권력을 나누는 것이 필요할까요?

삼권분립은 국가권력이 어느 한 곳에 집중되어 생기는 독재 정치를 막기 위한 것입니다. "절대권력은 절대 부패한다."라는 유명한 말이 있어요. 이 말은 영국의 역사학자인 액튼 경이 한 말인데요, 권력이 한 사람이나 한 기관에 집중되면 그 권력을 가진 사람은 부패하기 쉽다는 뜻이에요. 만약 권력이 한곳에 모여 있다면, 그 사람이나 기관이 어떤 잘못을 저질러도 스스로 멈추기 어려울 거예요. 아무도 그들을 견제할 수 없기 때문이죠. 이처럼 권력이 집중될 때는 부패와 남용의 위험이 커지기 때문에 권력을 나누어 서로 감시하게 만드는 삼권분립이 중요합니다.

그렇다면 입법부, 행정부, 사법부는 각각 어떤 역할을 하고, 서로 어떻게 견제하는지 알아봅시다.

입법부는 곧 국회를 일컫는 말입니다. 국회에서 하는 주요 업무가 법을 만드는 일이기 때문에 붙여진 이름이에요. 또 입법부는 대통령과 정부가 하는 일을 감시하고, 대법원장 임명에 동의하거나 반대하는 형식으로 행정부와 사법부를 견제하지요.

사법부는 대법원, 고등법원, 지방법원을 비롯한 여러 법원 조직을 일컫는 말이에요. 법을 바탕으로 사회의 갈등을 심판하는 권한은 전적으로 사법부에 있어요. 또 입법부가 만든 법이나 행정부의 규칙과 명령이 기존의 법에 어긋나지 않은지도 확인하고 판단해요.

행정부는 정부를 뜻합니다. 대통령과 국무총리, 그리고 행정 각부의 장관 등으로 구성되어 있으며 나라의 살림을 맡지요. 입법부가 발의한 법률안을 거부하거나 대법원장을 임명하는 권한을 통해 입법부와 사법부를 견제한답니다.

이처럼 세 기관이 서로 균형 있게 권력을 나눠 갖고 견제해야 민주주의가 완성되는 거예요.

그럼 우리나라에서는 각 기관이 어떤 방법으로 서로를 견제하는지 구체적으로 살펴 봅시다.

우리나라의 권력분립 견제 수단

입법부 ⇒ 행정부	국정감사, 국정조사
행정부 ⇒ 입법부	국회에서 통과된 법률안 거부
입법부 ⇒ 사법부	대법원장, 대법관 임명에 대한 동의
사법부 ⇒ 입법부	위헌 법률 심판 제청
행정부 ⇒ 사법부	대법원장, 대법관에 대한 대통령 임명
사법부 ⇒ 행정부	명령, 규칙, 처분의 위헌 · 위법 심사

 # 국정감사, 국정조사 국정감사는 매년 정기 국회가 시작될 때, 약 20일 동안 각 분야의 행정기관이 지난 1년 동안 업무를 제대로 수행했는지 점검하는 활동입니다. 쉽게 말하면 정부가 맡은 일을 잘했는지 정기적으로 확인하는 거예요. 반면 국정조사는 국가적으로 중요한 문제가 생겼을 때 국회가 이에 대해 집중적으로 조사해 진실을 밝히고 책임을 묻는 제도입니다. 국회 재적의원의 4분의 1 이상이 요구하면 특별위원회나 상임위원회를 통해 조사를 시작할 수 있습니다. 정리하면, 국정감사는 국회가 매년 정부 전체의 일을 살펴보는 것이고, 국정조사는 특별한 문제가 생겼을 때 그 문제에 대해서만 집중적으로 조사해서 정부를 견제하는 활동입니다.

 # 법률안 거부권 국회에서 만든 법안에 대통령이 동의하지 않을 때 사용하는 권리입니다. 이 권리를 흔히 '거부권'이라고도 부르죠. 국회에서 법률안이 통과되면 대통령이 최종적으로 승인해야 법으로 확정되는데, 만약 대통령이 법안의 내용을 보고 문제가 있다고 판단하면, 법률안에 서명을 거부할 수 있습니다. 이럴 때 대통령은 이유를 설명하고 법률안을 국회로 돌려보냅니다. 하지만 국회는 대통령이 거부한 법안에 대해 다시 회의를 열어서 표결을 할 수 있어요. 이때 국회 재적의원 과반수가 참석하고, 참석의원의 3분의 2 이상이 찬성하면 대통령의 거부권과 상관없이 법안이 그대로 확정됩니다. 대통령의 법률안 거부권(재의요구권)과 국회의 재의결 절차 모두 헌법 제53조에 명시되어 있는 사항입니다.

몽테스키외는 왜
삼권분립론을 주장했을까?

몽테스키외는 18세기 프랑스의 철학자이자 정치 사상가로, 권력을 나누어야만 권력의 남용을 막고 국민의 자유를 지킬 수 있다고 주장했습니다. 그의 삼권분립론은 오늘날 민주주의 국가의 기본 원칙이 되었죠. 그가 왜 삼권분립을 주장했는지 살펴봅시다.

몽테스키외가 살았던 18세기 유럽은 왕의 권력이 절대적인 절대왕정 시대였습니다. 왕은 모든 권력을 가지고 법을 만들고 집행하며, 재판을 내리는 일을 모두 통제했어요. 당시 프랑스를 비롯한 유럽에서는 왕의 권력이 무한정이었기 때문에, 왕이 잘못된 결정을 내려도 누구도 이를 제어할 수 없었죠.

몽테스키외는 이러한 절대권력이 국민에게 위험할 수 있다고 생각했습니다. '절대권력은 절대 부패한다.'라는 생각에서, 권력이 한 사람이나 한 기관에 집중되면 권력을 가진 사람이 자신에게 유리하게 법을 만들거나 집행하면서 국민의 자유를 침해할 수 있다는 것을 알았어요.

몽테스키외는 권력 남용을 막고 국민의 자유를 지키기 위해서 권력을 나눌 필요가 있다고 보았습니다. 그래서 그는 국가의 권력을 입법, 행정, 사법 세 가지로 나누고, 이들이 독립적으로 운영되어야 한다고 주장했습니다.

입법부는 법을 만드는 역할을 하고, 행정부는 법을 집행하고 정책을 실행하며, 사법부는 법을 해석하고 분쟁을 해결하는 역할을 맡게 하는 게 좋다고 한 것입니다. 몽테스키외는 이처럼 서로 다른 기관이 각기 다른 역할을 맡아야 권력이 나누어져 균형을 이루고, 어떤 한쪽도 권력을 마음대로 휘두르지 못하게 할 수 있다고 본 것이죠.

몽테스키외가 삼권을 나누고자 한 이유는, 권력 간의 견제와 균형을 이루기 위해서였습니다. 예를 들어, 법을 만드는 입법부가 너무 강해지면 국민에게 부담을 줄 수 있는 불공정한 법을 만들 위험이 있고, 행정부가 힘을 키우면 법을 악용해 독재적인 정책을 펼칠 수도 있어요. 반대로 사법부가 과도한 권력을 행사하면 법 해석이 불공정해질 수 있습니다.

그래서 몽테스키외는 세 가지 권력이 서로 감시하고 견제하는 구조를 통해 권력의 균형을 이루도록 하자는 주장을 했습니다. 이런 견제와 균형이 있어야만 각 권력이 국민의 권리와 자유를 지키는 역할을 할 수 있다고 보았어요.

몽테스키외의 삼권분립론은 그의 책 『법의 정신』에 소개되었으며, 미국과 프랑스는 이 이론을 바탕으로 삼권분립을 채택해 헌법을 만들었습니다. 미국은 독립 후 입법부(의회), 행정부(대통령), 사법부(법원)를 서로 분리해 운영하게 되었고, 각 기관이 서로 견제하고 균형을 이루며 국민의 자유를 보장하는 체제가 마련되었죠. 프랑스 혁명 당시 발표된 인권 선언문에도 권력 분립의 중요성이 강조되어 있습니다. 그의 이론 덕분에 오늘날 민주 국가들은 권력을 분산시켜 서로 견제하고 균형을 이루며, 국민의 권리와 자유를 지킬 수 있는 구조를 갖추게 되었습니다.

02

대통령을 꼭 선거로
뽑아야 할까?

여러분, 상상해 보세요! 만약 대통령을 선거로 뽑지 않고 하루아침에 무작위로 뽑는다면 어떻게 될까요? 길을 걷다 우연히 만난 사람에게 '당신, 오늘부터 대통령!'이라고 외치는 모습을 떠올려 보세요. 그 사람은 피자를 배달하던 배달부일 수도, 또는 바다에서 물고기를 잡고 있던 어부일 수도 있습니다. 저마다 맡은 일을 열심히 하는 멋진 사람들일 수 있죠. 하지만 그 사람이 대통령직을 잘 수행할 수 있을지 검증해 보고 국민의 뜻을 모으는 절차가 없다면 어떨까요? 그래서 행정이나 정치에 관해 전혀 모르는 사람이 대통령이 된다면 우리나라의 미래는 어떻게 될까요? 지금부터 '대통령을 꼭 선거로 뽑아야 할까?'라는 주제로 행정부 역할의 중요성과 국민이 지닌 선택의 힘에 대해 함께 생각해 봅시다!

대통령을 직접 뽑지 않는 나라

대통령제를 시행하는 나라에서는 투표를 통해 대통령을 선출합니다. 미국은 우리나라와 같은 대통령제를 채택하고 있지만 선거 방식에는 차이가 있습니다.

우리나라의 경우, 국민이 직접 대통령을 뽑는 직선제 방식입니다. 그리고 대통령 후보 중 가장 많은 국민의 지지(득표수)를 얻은 후보가 대통령이 됩니다. 이와는 달리 미국은 간선제입니다. 미국에서는 모든 국민이 직접 선거에 참여하는 것이 아니라, 국민이 투표로 뽑은 선거인단을 통해 대통령을 뽑습니다. 또한 한 표라도 많은 득표수를 얻은 후보가 대통령이 되는 우리나라와 달리, 각 주를 중심으로 승자독식 방식을 취하고 있습니다.

즉, 미국에서는 각 주에서 가장 많은 표를 얻은 후보가 해당 주의 모든 표를 가져가는 형태입니다. 예를 들어, 대통령 후보로 나선 김철수가 A주에서 200표, B주에서 110표, C주에서 90표를 얻었고, 다른 후보인 박영희가 A주에서 160표, B주에서 120표, C주에서 100표를 얻었다고 할 때, 전체 득표수는 낮지만 두 개 주에서 승리한 박영희가 대통령이 됩니다. 이에 따라 국민의 지지와 최종 승자가 다르게 나올 수 있습니다.

남아프리카 공화국은 우리나라처럼 대통령이 국가원수이면서 행정부의 수반입니다. 공식적으로 대통령제를 채택하고 있지만, 국민이 직접 선출하지 않고 의회에서 대통령을 선출합니다. 총선으로 구성된 의회가 14일 이내에 첫 회의를 열어 대통령을 뽑는 대통령 간선제죠. 통상 다수당 대표가 대통령으로 선출되기에 남아공 총선은 사실상의 대선이기도 합니다.

대통령이 없는 나라

여러분은 대통령에 대해 잘 알고 있을 겁니다. 우리나라에서는 5년마다 대통령 선거를 통해 국민이 원하는 대통령을 선출하죠. 그렇다면 '대통령'의 사전적 의미는 무엇일까요?

바로 '국가 원수'이자 '행정부 수반'입니다. 여기에서 '원수'란 '원한이 맺힌 사람'을 뜻하는 원수怨讐가 아니라 한 나라의 으뜸가는 권력을 지니면서 나라를 다스리는 '원수元首'를 의미합니다. 그리고 행정부 수반首班이란 말은 행정부를 이끄는 사람, 행정부의 우두머리를 가리킵니다.

앞서 설명한 것처럼 우리나라에는 행정부 외에도 입법부와 사법부가 있습니다. 입법부는 국민이 투표를 통해 뽑은 국회의원들이 법을 만들고, 사법부는 입법부에서 만든 법률에 따라 재판을 담당하죠. 입법부와 사법부는 고유의 역할을 맡게 되며, 행정부 수반이 국가 운영을 담당하게 됩니다.

그렇다면 대통령이 없는 나라도 있을까요? 그럼요! 많습니다. 앞서 정부 형태에서 살펴본 것처럼 의원내각제를 채택한 나라들입니다. 즉, 대통령제에서는 대통령이, 의원내각제 국가에서는 총리가 정부의 수반이 되는 것입니다. 당연한 이야기겠지만, 대통령은 대통령제를 시행한 나라에만 있습니다. 의원내각제를 시행하는 나라에는 대통령이 없죠.

행정부, 왜 중요할까?

행정부는 대통령을 중심으로 정부를 구성하는 중요한 축으로서, 법을 시행하고 국민의 생활을 관리합니다. 그렇다면 왜 행정부의 역할이 중요할까요? 그 이유를 살펴볼게요.

우선 행정부는 법을 실행합니다. 우리가 만든 법들은 실제로 어떻게 실행되느냐에 따라 그 의미가 달라집니다. 예를 들면, 학교에서 안전 규칙을 만드는 것과 같습니다. 이 규칙이 있다고 해서 모두가 자동으로 안전하게 행동하는 것은 아닙니다. 이를 위해서는 교사들이 규칙을 가르치고, 학생들이 이를 지킬 수 있도록 도와야 하죠. 행정부는 법률이 정해졌을 때, 이를 실행하고 관리하는 책임이 있습니다. 만약 행정부가 없다면 법은 존재하더라도 사람들이 그것을 따르지 않을 확률이 높습니다.

행정부는 국민의 삶에도 직접 영향을 미칩니다. 예를 들어, 정부는 건강 보험, 교육, 교통 등 여러 분야에서 정책을 세워 국민의 삶을 개선하기 위해 노력합니다. 코로나19 팬데믹 동안, 정부는 국민의 안전을 지키기 위해 마스크 착용 의무화, 백신 접종 프로그램 등을 실시했습니다. 이러한 조치들은 행정부의 빠른 대응 덕분에 가능했습니다. 만약 행정부가 제 역할을 다하지 않았다면, 더 많은 사람들이 위험에 처했겠죠.

그리고 행정부는 국제 문제를 해결하는 데 중요한 역할을 합니다. 외교와 안보는 국민의 안정된 삶과 직결되는 문제입니다. 행정부는 다른 나라와의 관계를 조율하고, 무역 협정이나 외교 정책을 결정합니다. 예를 들어, 최근의 기후 변화 문제에 대한 국제 회의에 참여하는 것도 행정부의 일입니다. 각국의 정부가 협력하여 국제적인 기후변화 협약에 적극적으로 참여하고 협력을 강화하는 모습은 행정부가 얼마나 중요한지를 보여줍니다.

마지막으로, 행정부는 사회의 발전을 이끌어 낼 수 있습니다. 새로운 기술이 발전하고 사회가 변화함에 따라, 행정부는 이에 맞춰 정책을 수정하고 새로운 법을 제정해야 합니다. 예를 들어, 최근에는 전기차와 같은 친환경 자동차가 많이 보급되고 있습니다. 이에 따라 정부는 전기차 관련 법률과 지원 정책을 마련하여, 더 많은 사람들이 전기차를 선택하도록 돕고 있습니다. 이런 변화에는 행정부의 주도적인 역할이 필요합니다.

 # 국무회의 국무회의는 헌법상의 기관으로 대통령을 의장, 국무총리를 부의장으로 합니다. 국무위원은 15인 이상 30인 이하로 구성되는데, 국무위원의 구성원은 행정 각부의 장관들입니다. 중요한 것은 국무회의가 행정부 최고 심의기관이라는 점인데요. 헌법 제89조에는 대통령이 무언가를 결정할 때 국무회의의 심의를 거쳐야 하는 사항이 17개 항목이나 나와 있습니다. 하지만 국무회의에서 심도 있는 토의를 거쳐 나온 결론이라고 해서 대통령이 이를 무조건 따라야 하는 것은 아닙니다. 즉, 심의 결과에 구속되지는 않는 것이죠.

 # 탄핵소추권 우리 사회에는 법을 지키며 공정하게 일해야 하는 중요한 사람들, 예를 들어 대통령이나 장관, 판사들이 있어요. 그런데 만약 이 사람들이 큰 잘못을 저지른다면 어떻게 해야 할까요? 이 경우 일반 사람들처럼 처벌받기 어려운 경우가 많기 때문에, '탄핵'이라는 특별한 방법을 사용하게 됩니다. 그런데 이 탄핵을 마음대로 할 수 있는 건 아니고, 먼저 국회가 탄핵을 요청할 권한을 가집니다. 이걸 '탄핵소추권'이라고 해요. 국회는 국민을 대표하는 기관이기 때문에, 국민을 대신해서 고위 공직자가 잘못을 저질렀을 때 그 책임을 물을 수 있는 권리를 가지는 거죠. 예를 들어, 만약 대통령이 법을 어기거나 국민에게 피해를 주는 행동을 한다면, 국회의원들이 모여서 대통령을 탄핵할지 말지 결정하는 거예요. 국회에서 탄핵 소추가 의결되면 헌법재판소의 탄핵 재판으로 이어집니다. 헌법재판소의 재판관 6인 이상의 찬성으로 탄핵이 이루어지면, 대통령은 자리에서 물러나야 합니다.

대통령은 모든 것을
맘대로 할 수 있을까?

우리 헌법에 따르면 대통령은 국가원수로서 대내외적으로 국가를 대표합니다. 대통령은 외국과 국교를 체결하고, 조약을 맺고, 외교관을 파견하는 등 모든 외교 행위에서 국가를 대표해 서명을 하죠. 또 국내 정치에서는 각종 훈장과 표창을 대통령의 이름으로 줍니다. 범죄를 저지른 특정인에 대해 형 집행을 면제해 주는 특별 사면도 대통령의 권한으로 이루어집니다.

하지만 이에 못지않게 중요한 것은 행정부 수반으로서의 역할입니다. 대통령은 행정부의 수반으로서 국무총리와 각 부처의 장관을 거느리고 행정권의 행사를 총괄 지휘합니다. 또한 국무회의를 주재해 국가의 정책을 결정하고, 국무총리를 통해 각 부처

장관의 업무를 지휘하고 감독합니다. 이를 위해 대통령에게는 국무총리와 장관을 임명할 권한이 주어지죠.

또한 대통령은 국가 안보를 책임져야 하기 때문에 국군의 통수권자라는 지위를 갖습니다. 국가가 아주 중대한 위기 상황에 처했을 때에는 긴급 명령이나 계엄령 등을 선포할 수 있는 권한도 있습니다.

입법부인 국회와의 관계에서 대통령은 국회가 만든 법을 단지 집행하는 것만이 아니라 정부의 이름으로 국회에 법률안을 발의할 수도 있습니다. 대통령은 국회가 의결한 법안을 거부할 수 있는 권한도 갖고 있죠.

대통령은 각종 헌법 기관들을 구성할 권한도 있습니다. 대법원장, 국무총리, 감사원장, 헌법재판소장, 대법관, 헌법재판소 재판관(3인), 중앙선거관리위원회 위원(3인)에 대한 임명권이 있어요.

이처럼 대통령은 막강한 권한을 행사할 수 있는 자리에 있습니다. 권한이 이렇게 많으니 뭔가 견제할 방법이 필요하겠죠? 그래서 우리나라는 몇 가지 통제 장치를 만들어 두었습니다.

우선 대통령이라 해서 국가의 중요한 일을 자기 마음대로 처리하지 못하게 했어요. 반드시 국무회의의 심의를 거쳐야 합니다. 또한 국가의 중요한 일이나 국민의 기본권을 제한하는 권한을 행사하는 경우 국회의 동의나 승인을 받도록 했습니다.

대통령의 국가 행위, 즉 국법상의 행위는 말로 하는 게 아니라 문서로 명확하게 남겨야 하는데요. 이것을 '문서주의'라고 합니다. 이 문서에는 국무총리와 해당 부서 장관이 함께 서명해야 합니다. 이렇게 해야만 책임의 소재가 뚜렷해지고 서명할 때 다시한 번 신중한 판단을 할 수 있으니까요. 이것을 '부서제도'라 합니다. 그밖에 선거 결과나 여론을 통해 대통령의 권한을 통제할 수 있고, 국회는 탄핵 소추권을 행사할 수 있습니다.

03

대통령 중임제, 필요할까?

국가를 대표하고 행정권의 가장 높은 자리에 있는 최고의 통치권자 대통령. 여러분은 한 사람이 대통령직을 몇 번 지낼 수 있다고 생각하나요? 현재 우리나라는 단 한 번만 할 수 있습니다. 헌법상 임기 5년이 지나고 나면 이유를 막론하고 자리에서 내려와야 하지요.

학교에서 반장이 매년 똑같다면 어떨까요? 작년에 반장이었던 친구가 계속해서 반장이 된다면, 모두가 익숙해져서 편할 수도 있지만, 다른 친구들이 새로운 역할을 맡을 기회는 줄어들겠죠. 어떤 친구는 '그 친구가 제일 잘하니까 좋잖아!'라고 생각할 수도 있고, 또 다른 친구는 '다른 사람에게도 기회를 줘야 해!'라고 생각할지도 몰라요. 대통령도 비슷해요. 대통령 중임이 필요할지 고민해 볼 만한 이유가 여기서 시작됩니다.

다른 나라의 사례를 보면 10년이고 20년이고 대통령 자리를 유지하는 지도자도 있습니다. 우리나라와 가까운 러시아와 중국에도 블라디미르 푸틴 대통령과 시진핑 주석이 있지요.

푸틴 대통령은 2000년부터 2008년까지 대통령을 역임한 후 헌법상 연임 제한으로 총리직으로 자리를 옮겼지만, 실질적인 권력은 계속 유지했어요. 2012년에 다시 대통령으로 복귀했고, 2020년 헌법 개정을 통해 대통령 임기 제한이 완화되면서 2036년까지 대통령직을 유지할 수 있게 되었어요. 이를 통해 푸틴은 현대 러시아에서 가장 오래 집권하는 지도자가 되었죠. 시진핑 주석은 2012년에 중국의 최고 지도자로 올라섰고, 그의 리더십 아래 중국 공산당은 2018년에 헌법을 개정해 국가 주석의 임기 제한을 없앴어요. 이로 인해 시진핑 주석은 사실상 장기 집권이 예상됩니다.

반대로 장기 집권 실패로 쫓겨난 대통령도 있어요. 바로 우리에게 우유니 소금사막으로 익숙한 볼리비아의 에보 모랄레스 전 대통령입니다. 모랄레스는 2006년 볼리비아의 첫 원주민 출신 대통령으로 당선되어 세 차례 중임하며 오랜 기간 권력을 유지했어요. 2019년에 네 번째 임기를 위해 출마했지만, 선거 과정에서 부정 의혹이 제기되었죠. 이로 인해 대규모 시위가 일어나고, 결국 군부와 경찰의 압박을 받으면서 모랄레스는 대통령직에서 물러나 망명해야 했어요.

장기 집권의 한계를 보여주는 사례로 수단의 오마르 알바시르가 있어요. 알바시르는 1989년에 쿠데타로 권력을 잡은 후 약 30년간 수단의 대통령 자리를 유지했어요. 그러나 그의 장기 집권 동안 경제 상황이 악화되고 부패와 인권 탄압 문제가 심각해졌죠. 2019년에는 생활고에 지친 국민들이 대규모 시위를 벌였고, 결국 군부가 개입하면서 알바시르는 권좌에서 물러나 구금됐어요.

대통령 중임제가 꼭 나쁜 결과만 가져오는 것은 아닙니다. 미국의 경우를 봐도, 대통령이 다시 당선되려면 국민들의 철저한 평가를 통과해야 합니다. 그래서 대통령은 재선을 위해 더욱 책임감 있게 일할 수밖에 없죠. 결국 중요한 건 중임제 자체가 아니라, 권력을 어떻게 사용하느냐입니다.

우리나라 대통령이 중임하려면?

대통령 임기 제도는 크게 단임제, 연임제, 중임제로 나눌 수 있습니다. 먼저 단임제는 대통령이 한 번만 임기를 맡을 수 있는 제도예요. 즉, 한 번 대통령이 되면 두 번째로 다시 출마할 수 없는 거죠.

연임제는 대통령직을 연속으로 두 번 수행할 수 있는 제도예요. '연임連任'이라는 한자의 뜻풀이대로 '잇따라 임기를 수행한다.'라는 의미죠. 즉, 현직 대통령은 차기 대선까지만 출마할 수 있으며 차기 대선에서 패배할 경우 더 이상 대선에 출마할 수 없습니다.

중임제는 횟수에 상관없이 선거에 나와 대통령을 할 수 있는 제도입니다. '중임重任'이라는 말은 한자의 뜻풀대로 '거듭해서 직을 맡을 수 있다.'라는 의미죠. 즉, 임기를 마친 대통령이 곧바로 차기 대통령 선거에 출마하지 않거나 떨어져도 차차기 등 언제든지 다음 대선에 출마해서 대통령이 될 수 있습니다. 중임제를 채택하면 현직 대통령이 임기를 마친 뒤 치른 대선에서 패하더라도 다시 대통령에 도전할 수 있지만, 연임제에서는 연이어 두 번의 임기 동안만 대통령직을 수행할 수 있으므로 현직 대통령이 차기 대선에서 패하면 재출마가 불가능하죠.

대통령의 선출과 권한은 아주 중요해서 우리나라 헌법에 명시되어 있습니다. 우리 헌법에서 대통령은 5년 단임제입니다. 이것을 4년 중임제로 바꾸자는 의견이 있는데요. 1987년 6·10 민주 항쟁으로 대통령 직선제 개헌이 이루어진 이후 대통령직에 대한 개헌 논의는 꾸준히 진행되어 왔고 지금도 진행 중입니다.

대통령 임기를 중임제나 연임제로 변경하려면 헌법을 개정해야 합니다. 현재 헌법에 대통령의 임기를 5년으로 하며, 한 번만 임기를 수행하고 재선할 수 없도록 규정되어 있기 때문이죠. 따라서 지금 나오는 의견대로 대통령 임기를 4년으로 줄이고 중임을 가능하게 하려면 헌법의 해당 조항을 수정하는 개헌이 필요합니다. 이 과정은 법률을 바꾸는 것과는 다르게, 헌법이라는 국가의 최고 법을 바꾸는 일입니다.

헌법 개정은 해당 조항의 개정안에 관해 국민의 대표가 모인 국회에서 3분의 2 이상의 찬성을 받아야 하고, 이후 국민투표를 거쳐야 최종적으로 확정될 수 있습니다.

중임제가 이슈가 되는 이유

우리나라는 과거 대통령의 장기 집권으로 인해 큰 어려움을 겪은 적이 있죠. 박정희 전 대통령은 경제 발전을 이끌었다는 평가를 받기도 하지만, 중임제를 통해 장기 집권하게 되었고 이후 유신헌법을 만들어 18년 동안 대통령 자리에 있었습니다. 이 과정에서 국민의 자유를 제한하고 권력을 남용하는 일들이 생겼죠. 이런 역사 때문에, 중임제를 도입하면 대통령이 자신의 권력을 남용할 수도 있다는 우려가 항상 따라다닙니다.

만약, 대통령이 단임제 하에서 임기 안에 하고자 했던 정책을 마무리하지 못하면 어떻게 될까요? 새로운 대통령이 들어서면 기존의 정책을 중단하고 자신만의 계획을 세울 수 있죠. 이런 일이 반복되다 보면, 안정적으로 국가의 발전을 이루기 어려워집니다. 중임제를 통해 대통령이 한 번 더 주어진 임기 동안 정책을 계속 추진할 수 있다면 더 일관성 있는 정책 집행이 가능해져서 나라가 더욱 발전할 가능성이 있다는 의견도 있습니다. 미국처럼 대통령이 중임을 통해 최대 8년간 정책을 추진할 수 있는 경우, 장기적인 계획을 더 안정적으로 실현할 수 있겠죠.

중임제를 실시하면 국민이 대통령을 재선할 수 있는 선택권을 가질 수 있게 됩니다. 현재는 한 번의 임기 안에서만 정책을 수행할 수 있으므로, 일을 잘하는 대통령이 있더라도 재선될 기회가 없죠. 그러나 중임제를 도입하면, 국민이 원하는 대통령에게 한 번 더 기회를 줄 수 있습니다. 대통령이 아니더라도 독일의 메르켈 총리처럼 국민의 신뢰를 얻어 장기 집권하며 안정된 지도력을 발휘한 사례도 있습니다.

우리나라에서 중임제가 자주 논의되는 이유는 이렇게 여러 가지 장점과 단점이 있기 때문입니다. 대통령의 권력 남용 사례가 있어서 경계해야 한다는 의견도 있지만, 국민의 선택권과 정책의 연속성이라는 장점을 고려해야 한다는 의견도 있습니다. 그래서 중임제 도입은 단순한 임기 연장의 문제가 아니라, 국민의 선택권, 안정된 정책 추진, 그리고 권력의 남용을 방지하는 방법 사이에서 균형을 찾는 중요한 문제입니다.

 # 헌법 헌법은 국가의 통치 질서를 규정하는 기본법입니다. 헌법에는 국민이 국가를 통해 이루고자 하는 중요한 가치와 목표들이 담겨 있죠. 특히 현대 민주주의 국가의 헌법은 인간의 존엄과 가치를 실현하기 위한 여러 가지 기본권 보장을 명시하고 있습니다. 또한 이러한 인간 존중의 사상을 실현하기 위한 장치로서 여러 가지 민주적인 정치 제도를 규정하고 있습니다.

 # 헌법 개정 절차 헌법 개정은 국회 재적의원 과반수나 대통령이 제안해서 이루어지는데요. 대통령이 개헌안을 제안할 때 반드시 국무회의의 심의를 거치고 20일 이상 공고해야 합니다. 그 후에 국회의 의결이 필요합니다. 이 경우 국회 재적의원의 3분의 2 이상이 찬성해야 합니다. 중요한 점은 개헌안을 수정해서 의결할 수 없으며, 원안 그대로 가부 투표를 해야 한다는 것입니다. 이렇게 국회 의결까지 통과한 개헌안은 국민투표에 부쳐집니다. 전체 유효 투표권자의 과반수가 투표하고 투표자 과반수가 찬성하면 개헌안은 통과가 됩니다. 개헌안이 확정되면 대통령은 이를 즉시 공포해야 하며, 공포 즉시 효력이 발생합니다.

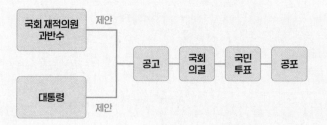

유신헌법은 국민투표를
어떻게 통과했을까?

헌법은 국민의 자유와 권리, 그리고 국가의 기본 골격을 담은 최고의 법입니다. 민주주의 국가에서는 헌법의 내용과 권위를 매우 중요하게 생각합니다. 그런데 한때 우리나라에 헌법답지 못한 헌법이 있었는데요. 바로 1972년에 박정희 정부가 만든 유신헌법입니다. 유신헌법은 세계적으로도 유례를 찾아보기 힘들 정도로 대통령에게 권한을 집중시킨 헌법으로 평가받습니다.

유신헌법은 대통령에게 강력한 권력을 집중시켜 권위주의 통치 체제를 만들었습니다. 대통령의 임기를 6년으로 늘리고 연임 제한을 철폐해 영구 집권이 가능토록 한 것입니다. 대통령 직선제도 통일 주체 국민 회의에 의한 간선제로 바뀌었죠. 또한 대통령이 국회의원 3분의 1을 임명할 수 있었고, 국회 해산권, 법관 인사권을 비롯하여 국민의 기본권마저 제한할 수 있는 긴급조치권도 가졌습니다.

유신헌법은 1972년 국민투표에서 91.9% 투표율에 91.5% 찬성률로 통과되었습니다. 비민주적인 내용을 담고 있는데 어떻게 압도적인 표 차이로 통과될 수 있었던 걸까요?

헌법을 새로 만들려면, 우선 국민의 대표자로 구성된 국회에서 새 헌법을 심의하고 의결한 후 국민투표를 통과해야 합니다. 당시에도 대통령에게 국회를 해산할 권한이 없었지만, 박정희는 비상계엄과 군사력을 동원한 강제적인 방법으로 국회를 해산시켰습니다. 이후 대통령이 임명한 장관들이 참석하는 국무회의에서 헌법을 심의하고 통과시켰고, 곧이어 국민투표가 이루어졌습니다.

당시 박정희 대통령은 "만일 국민들이 헌법 개정안에 찬성해 주지 않으면 그것은 곧 남북대화를 원치 않는 것으로 간주하겠다."라고 말했습니다. 유신헌법을 통과시키기 몇 달 전에 있었던 7·4 남북공동성명으로 남북통일 분위기가 조성된 상태였던 점을 이용한 것입니다. 게다가 개정안에 반대하면 불이익을 받을지도 모른다는 공포 분위기 때문에 반대표가 많이 나오지 않았습니다.

04

우리나라 경찰 수사권,
어떻게 변했을까?

　뉴스에서 종종 '경찰과 검찰의 갈등'에 대한 이야기를 들어본 적이 있나요? 경찰은 범죄를 조사하고, 검찰은 조사한 사건을 재판에 넘기죠. 그런데 이전에는 경찰이 독립적으로 수사를 하려 할 때, 검찰과 부딪히는 경우가 많았어요. 검찰이 수사와 기소를 모두 맡고 있어서, 경찰이 사건을 수사할 때 검찰의 지휘를 받아야 했어요. 하지만 2022년에 형사소송법이 개정되면서 경찰도 독립적으로 수사를 진행할 수 있게 되었어요. 또 모든 범죄에 대한 수사권이 검찰에 있었던 데 반해, 대통령령으로 명한 중요 범죄나 경찰 공무원의 범죄 등에 관해서만 검찰이 수사권을 가지게 됐어요.

　여기서는 우리나라의 경찰 수사권이 어떻게 변했는지, 또 수사권을 둘러 싼 논쟁은 왜 벌어지는지 살펴보도록 할게요.

검찰과 경찰의 차이

검찰과 경찰의 가장 큰 차이는 '기소권'이 있냐 없냐에 있어요. 보통 형사사건은 범죄 발생, 경찰 수사, 검찰 기소, 법원 재판 순으로 진행되는데요.

예를 들어 폭행 사건이 일어나 신고가 들어왔을 때, 보통 가장 먼저 수사에 나서는 건 경찰이에요. 경찰이 사건 당사자들을 직접 만나 수사를 하고 나면, 그 결과를 바탕으로 판사한테 가서 "A가 잘못을 저질렀으니, 징역 또는 벌금을 내려야 합니다."라고 할 사람이 필요해요. 이걸 '기소'라고 하는데요. 경찰은 이 요구를 못하고 검사만 할 수 있어요. 그래서 어떤 경우에는, 경찰이 'A가 잘못을 저질렀으니, 처벌받아야 한다.'라고 봐도, 검찰 판단에 따라 기소 자체를 안 할 수도 있는 것이죠.

세계적으로 검찰은 처음부터 있었던 기관은 아니에요. 원래는 수사하는 경찰, 판결하는 판사, 이렇게 두 기관만 있었어요. 그런데 형사사건에 대한 결정은 한 사람에게 사형을 내릴 수도 있고, 감옥에 보낼 수도 있는 매우 중요한 일이라서, 정확히 판단하기 위한 연결고리가 필요했어요. 이게 바로 검사(검찰)입니다.

'수사 → 재판'이라는 과정에 기소권을 가진 검사를 연결고리로 두어 '수사 → 기소 → 재판'의 과정을 거치게 한 거죠. 수사가 범인이 누군지를 밝히고 구체적으로 어떤 범죄를 저질렀는지 사실관계를 밝히는 과정이라면, 기소는 이런 범죄를 처벌할 법적 근거를 살펴고 재판으로 다룰지를 결정하는 과정이라고 볼 수 있어요.

수사권이란?

수사권은 절도, 강도, 사기처럼 형법의 적용을 받는 사건이 일어났을 때 범인이 누구고, 어떤 증거가 있는지 찾아 나설 수 있는 권한을 말합니다. 영화나 드라마 보면 사건 현장에서 노란 테이프로 표시된 폴리스라인을 넘어가기 전에 신분증 내밀면서 "경찰입니다.", "검사입니다." 하잖아요? 검찰, 경찰처럼 수사권을 가진 사람만 할 수 있는 일이죠.

수사권은 수사를 시작할 권리인 '수사개시권', 수사 과정을 통제, 지휘할 수 있는 '수사지휘권', 그리고 수사를 이제 그만하라고 할 수 있는 '수사종결권'으로 크게 나눌 수 있습니다.

2022년에 검경수사권이 조정되기 전까지는 검찰이 이 세 가지 모두를 갖고 있었고, 경찰에게는 수사개시권밖에 주어지지 않았어요. 대부분의 사건을 검찰이 조사하고, 경찰은 검찰의 지시에 따라 움직였죠. 그래서 경찰은 조사를 시작할 때나 마칠 때도 검찰의 승인을 받아야 했어요.

형사소송법이 바뀌면서 우리나라에서는 중요한 변화가 생겼어요. 경찰이 검찰의 승인 없이도 독립적으로 수사를 할 수 있게 되었죠. 이제는 범죄가 발생하면 먼저 경찰이 수사를 시작해요. 경찰은 사건이 발생하면 처음부터 조사하고, 검찰은 경찰이 조사한 자료를 보고 사건을 재판에 넘길지 결정해요. 이전에는 경찰이 수사를 해도 검찰이 중간에서 승인하고 지시하는 경우가 많았지만, 이제는 경찰이 주도적으로 수사하게 된 거죠. 그럼 왜 이런 변화가 필요했을까요?

앞서 살펴보았듯, 검찰은 기소권을 통해 형사사건을 좀 더 신중하게 다루려는 취지에서 만들어진 기관이에요. 그런데 우리나라에서는 수사권까지도 검찰이 크게 가지고 있었기 때문에 그동안 형사사건에 관한 권한이 검찰에 과하게 주어져 있지 않냐는 목소리가 있었던 거예요.

이를테면 범죄 사실이 명확해 보이는 사건에서 경찰이 신속하게 수사를 진행하고 싶어도 검찰의 통제와 간섭 때문에 가로막히게 되는 경우를 우려한 거죠. 이런 상황에서 검찰의 힘을 조금 줄이고, 경찰도 독립적으로 수사할 수 있도록 하기 위해 법을 바꾼 거예요. 반면 경찰에 너무 많은 권한이 집중되어 범죄 수사 과정에서 인권 침해 등의 문제가 생긴다면 이를 제어할 장치 또한 필요한 게 사실이에요. 그렇기에 검찰과 경찰 사이에 서로 권한을 나누어서 감시하고 견제할 수 있도록 한 거예요.

범죄자를 잡고 처벌하는 과정에서 수사와 기소가 더 공정하게 이루어질 수 있는 방법이 무엇인지에 관해, 저마다 주장이 다를 수 있습니다.

지금은 경찰이 독립적으로 수사권을 행사하게 되면서, 경찰이 더 많은 책임을 갖게 되었습니다. 앞으로 경찰이 수사와 관련해 더 공정하고 신뢰할 수 있는 시스템을 갖추는 것이 중요해졌어요.

다른 나라의 경찰과 검찰, 우리나라와 무엇이 다를까?

그렇다면 우리나라는 왜 이렇게 경찰과 검찰의 역할을 나누었을까요? 한 기관이 너무 많은 힘을 가지면 권력을 남용할 가능성이 생기기 때문에, 경찰은 수사에 집중하고 검찰은 기소와 법적 절차에 집중하도록 나눈 거예요. 이렇게 서로 다른 일을 맡으면서 더 공정하고 투명하게 범죄를 처리할 수 있는 거죠. 다른 나라도 마찬가지입니다.

미국은 우리나라에 비해 경찰과 검찰의 역할이 아주 명확하게 나뉘어 있어요. 미국에서는 범죄가 발생하면 경찰이 수사를 맡고, 그 수사 결과를 검찰에 넘겨요. 검찰은 경찰이 조사한 자료를 바탕으로 법정에 세울지, 기소할지 결정하죠. 경찰은 수사에 집중하고, 검찰은 법적 절차를 처리하는 식이에요. 그래서 경찰은 범죄 현장에서의 조사와 증거 수집에 집중하고, 검찰은 법률적인 부분에 신경 쓰는 거죠. 이런 구조 덕분에 서로의 역할이 겹치지 않아서 일이 더 빠르게 진행되기도 해요.

독일은 미국과 조금 달라요. 독일에서는 형사소송법에 따라 검사가 기소권과 수사권을 가지고 있지만, 실제로는 수사 업무를 직접 수행하기보다는 경찰 등 수사기관을 지휘하고 감독하는 역할을 해요. 우리나라의 '검찰수사관'처럼 독립적인 수사 기관은 없어요. 대부분의 범죄 수사는 검사의 지휘를 받는 사법 경찰이 담당하며, 공직 비리나 중대한 범죄와 같이 복잡하거나 중요한 사건에서는 검찰이 직접 수사에 나설 수도 있어요.

프랑스는 경찰과 검찰이 아예 처음부터 함께 수사를 시작해요. 경찰이 사건을 조사할 때, 검찰이 초반부터 그 사건에 개입해서 함께 해결하는 거죠. 이렇게 경찰과 검찰이 함께 일하면 사건을 해결하는 데 더 많은 정보와 의견을 나눌 수 있어서, 더 정확하고 빠른 수사가 가능해요. 다만, 경찰이 완전히 독립적으로 일하기는 어렵고, 검찰이 상당 부분을 함께 결정하게 되죠. 프랑스에서는 경찰과 검찰이 거의 같은 팀처럼 움직이는 경우가 많다고 볼 수 있어요. 또 검사 역할을 맡아 하는 판사, 즉 '수사 판사'가 중범죄 등에 관한 수사권을 가집니다.

 # 기소 기소는 검찰이 범죄를 저지른 사람을 법원에 보내어 재판을 받게 하는 것을 의미해요. 쉽게 말하면, 검사가 경찰로부터 받은 조사 결과를 바탕으로 어떤 사람이 범죄를 저질렀다고 판단하면, 법원에 이 사람에게 죄를 물을 수 있는 재판을 열어 달라 요청하는 과정이에요. 경찰이 특정한 범죄 사건에 관해 수사해 증거를 모아 검찰에 전달하면, 검사는 이 사건을 기소할지 결정해요. 만약 검찰이 이 사람을 기소하기로 하면, 그 사람은 법원에서 재판을 받게 되죠.

 # 불기소 검사가 어떤 사건을 조사한 후 재판에 넘기지 않기로 결정하는 것을 말해요. 누군가 신고를 했다고 해서 무조건 재판을 받는 것은 아니에요. 사건을 자세히 조사해 본 결과, 범죄가 성립하지 않거나 증거가 부족하거나 법적으로 재판을 할 수 없는 경우에는 검사가 불기소 결정을 내릴 수 있어요. 불기소 처분에는 몇 가지 종류가 있어요. '기소유예'는 범죄 사실이 인정되지만, 초범이거나 범행이 가벼운 경우, 특별한 사정을 고려해 재판까지 가지 않도록 하는 거예요. 쉽게 말해, '이번 한 번은 봐주겠다.'라는 뜻이에요. '혐의 없음'은 조사해 보니 범죄가 성립하지 않거나 증거가 부족해 범죄라고 확신할 수 없는 경우를 말해요. '죄가 안 됨'은 14세 미만의 형사미성년자처럼 법적으로 처벌할 수 없거나, 정당방위처럼 특별한 이유가 있어서 범죄로 인정되지 않는 경우예요. 마지막으로 '공소권 없음'은 피의자가 사망했거나, 피해자가 처벌을 원하지 않거나, 같은 사건으로 이미 재판을 받은 경우처럼 법적으로 검사가 기소할 수 없는 경우를 말해요.

기소독점주의 어떤 사람이 법을 어겼다면, 그 사람을 재판에 넘길지 말지는 검사가 결정해요. 하지만 모든 나라가 검사에게 똑같은 권한을 주는 것은 아니에요. 기소독점주의는 오직 검사만이 기소할 수 있다는 원칙이에요. 즉, 다른 기관이나 개인은 기소할 수 없고, 검사가 결정해야만 재판이 열릴 수 있어요. 우리나라를 비롯해 독일, 일본 등이 이 제도를 따르고 있어요.

기소편의주의 검사가 기소 여부를 자유롭게 결정할 수 있다는 원칙이에요. 즉, 범죄 혐의가 있더라도 범인의 연령, 지능, 동기, 정황 등을 고려해 검사가 기소하지 않을 수도 있어요. 우리나라는 기소독점주의를 따르면서도, 기소편의주의 원칙을 적용해 꼭 필요하지 않다고 판단하면 기소하지 않기도 해요. 다시 말해, 기소독점주의는 "검사만 기소할 수 있다", 기소편의주의는 "검사가 기소 여부를 결정할 수 있다."라는 거예요.

구속 구속은 경찰이나 법원이 범죄를 저지른 사람을 일정 기간 동안 법적으로 막아 두는 것을 의미해요. 쉽게 말하면, 범죄 혐의가 있는 사람이 도망가지 않도록 교도소나 구치소에 가두거나(구금) 특정 장소에 머무르게 하는 것(구인)이에요. 구속에는 경찰이 수사 중에 범죄자를 잠시 동안 구속하는 '수사 구속', 법원이 재판 중에 범죄자가 도망가지 않도록 구속하는 '재판 구속'이 있어요. 우리나라 형사소송법은 "일정한 주거가 없거나, 증거 인멸의 염려가 있거나, 도망하거나 도망할 염려가 있는 때에는 피고인을 구속할 수 있다."라고 규정하고 있어요.

경찰이 수사를 잘못하면 누가 그걸 바로잡을까?

경찰이 아무리 열심히 수사를 해도, 실수가 일어날 가능성이 있어요. 예를 들어, 잘못된 증거를 수집하거나 정확하지 않은 정보로 수사를 마무리할 수 있죠. 이런 일이 벌어지면, 그 수사 결과가 잘못된 방향으로 갈 수 있어요.

경찰이 실수했을 때는 몇 가지 절차를 통해 이를 바로잡을 수 있어요. 경찰이 수사를 마치면 검찰이 그 자료를 넘겨받아 사건을 법정에 넘길지 말지, 즉 기소 여부를 결정해요. 이때 검찰이 경찰이 조사한 자료를 다시 한 번 검토하면서 수사에 오류가 있었는지 확인할 수 있어요. 만약 경찰이 수사 과정에서 실수를 했거나 중요한 증거가 누락되었으면, 검찰이 이를 바로잡고 경찰에게 추가 조사를 요청할 수 있어요. 만약 경찰과 검찰 모두 실수를 발견하지 못하고, 사건이 법원으로 넘어가면 재판 과정에서 그 실수가 드러날 수 있어요. 변호사가 경찰의 수사 과정에 문제를 제기하거나, 법원이 수사 자료를 검토하면서 증거가 잘못되었거나 수사가 부실했는지를 확인할 수 있죠. 이 경우 법원은 경찰이 다시 수사하도록 명령할 수도 있어요.

또 한 가지 방법은 감사나 내부 조사예요. 만약 수사 중에 뭔가 잘못된 일이 있었다고 의심되면, 감사원이나 경찰 내부 조사팀이 그 사건을 조사할 수 있어요. 그 과정에서 실수나 문제가 발견되면, 경찰이 잘못된 부분을 고치도록 조치를 취하게 돼요.

경찰도 실수를 최소화하기 위해 여러 가지 제도를 두고 있어요. 예를 들어, 중요한 사건은 여러 명의 경찰관이 함께 조사하고, 상급자가 수사 과정을 관리 감독해요. 또한 경찰은 수사 과정에서 실수가 발생하지 않게 철저히 수사 매뉴얼을 따르도록 교육받고 있어요.

군주는 도덕적이어야 할까요?
실용적이어야 할까요?

　군주가 도덕적이기를 바라는 사람도 있겠지만, 마키아벨리는 실용적인 판단이 훨씬 중요하다고 생각했어요. 군주, 즉 나라를 이끄는 사람은 나라를 안정시키고, 외부의 위협으로부터 나라를 보호하며, 백성들을 잘 다스리는 것이 중요한데, 이를 위해서는 때때로 도덕적이지 않은 결정을 내려야 한다는 거예요.

　마키아벨리는 저서 『군주론』에서 군주가 때로는 거짓말을 해야 하고, 배신할 수도 있다고 말해요. 그 이유는, 군주가 항상 정직하고 착하기만 하다면 다른 사람들에게 이용당하거나 공격당할 수 있기 때문이에요. "목적이 수단을 정당화한다."라는 말처럼, 중요한 것은 군주가 자신의 목표를 이루고 나라를 잘 다스리는 것이지, 그 과정에서 모든 행동이 도덕적이어야 한다는 것은 아니라는 거죠.

　마키아벨리는 인간 본성에 대해 매우 현실적인 관점을 가지고 있었어요. 그는 사람들이 이기적이고, 기회주의적이라고 생각했어요. 사람들이 때로는 약속을 어기고, 자신에게 유리한 쪽으로만 움직인다고 믿었죠. 그렇기 때문에 군주도 다른 사람들처럼 자신을 보호하고 권력을 유지하기 위해 도덕을 넘어서 행동할 필요가 있다고 본 거예요.

예를 들어, 만약 군주가 적에게 항상 정직하고 친절하게만 대한다면, 적은 그 친절함을 이용해 군주를 공격할 기회를 잡을 수 있을 거예요. 그러나 군주가 때로는 적에게 거짓말을 하거나, 위험한 상황에서 강하게 나간다면, 적은 군주를 함부로 대하지 못할 거예요. 이렇게 군주는 자신과 나라를 지키기 위해 실용적으로 행동해야 한다는 것이 마키아벨리의 생각이에요.

또한, 마키아벨리는 군주가 백성들에게 어떻게 보이는지가 매우 중요하다고 말했어요. 군주는 겉으로는 착하고, 정의롭고, 친절한 사람처럼 보여야 하지만, 실제로는 상황에 따라 필요한 행동을 해야 한다는 거죠. 백성들이 군주를 신뢰하고 따르려면, 군주는 겉모습을 관리해야 하지만, 막상 중요한 순간에는 자신의 이익과 나라의 안전을 위해 냉정한 결정을 내려야 한다는 거예요.

마키아벨리는 군주가 너무 잔인하거나 무자비하면 백성들이 반발할 수 있기 때문에, 적당한 수준에서 실용적으로 행동해야 한다고 말했어요. 예를 들어, 적을 물리치기 위해 잔인한 결정을 내릴 수도 있지만, 그 잔인함이 너무 지나쳐서 백성들이 불안해하거나 반발하지 않도록 조심해야 한다는 거죠.

마키아벨리에게 군주의 가장 중요한 덕목은 현실적이고 실용적인 판단이었어요. 군주는 나라의 안정을 지키고, 백성들을 보호하며, 외부의 적으로부터 나라를 지키기 위해 필요한 모든 수단을 사용해야 한다고 봤어요. 그래서 때로는 도덕적인 기준을 벗어난 결정도 내려야 한다고 생각한 거죠. 도덕적인 이상을 지키다가 나라를 위험에 빠뜨리기보다는, 실용적인 방식으로 권력을 유지하고 나라를 안정시켜야 한다는 거예요.

군주가 다스리는 나라가 거의 없는 현대에도 마키아벨리의 저서는 정치를 하려는 사람에게는 필독서로 읽히고 있어요. 국민이 한 지도자를 선택하거나 평가할 때도 참고 삼아 볼 만하지요. 지도자에게 도덕성이 우선이냐, 실용성이 우선이냐를 두고 저마다 생각이 다를 수 있지만, 기본적인 도덕성을 바탕에 두고 실용적이고 현실적인 정책을 펼칠 수 있는 능력을 지닌 사람이 가장 이상적인 지도자 아닐까요? 어느 쪽을 택하든 그 중심에는 국익을 우선한다는 목표가 분명해야 할 거예요.

니콜로 마키아벨리(1469~1527)

마키아벨리는 르네상스 시대 이탈리아의 정치가이자 외교관, 군사 전략가, 그리고 저술가였어요. 그의 사상이 현재 우리에게 시사하는 바는, 정치는 이상만으로 이루어지는 것이 아니라 현실을 고려한 전략과 결단이 필요하다는 점이에요. 지도자는 국민을 위해 좋은 결정을 내려야 하지만, 때로는 현실적인 어려움을 감안해 힘든 선택을 해야 할 때도 있으니까요. 마키아벨리의 사상은 올바른 지도자는 도덕과 현실 사이에서 균형을 잘 잡아야 한다는 점을 우리에게 일깨워 줘요.

3장

민주주의는
언제나
옳을까?

01

민주주의,
얼마나 알고 있을까?

영국의 주간지 《이코노미스트》는 매년 세계 여러 나라의 민주주의 수준을 비교하여 순위를 발표합니다. 2023년 조사에서는 노르웨이가 1위, 대만이 10위, 일본이 12위, 한국은 22위에 머물렀습니다. 우리나라는 이전 15년 동안 20위권 안에 든 적이 없어요. '완전한 민주주의' 국가로 분류된 다른 상위권 국가들과 비교해 다소 낮은 순위에 속해 있습니다. 이런 조사에서 우리나라의 순위가 낮으면 당연히 기분이 좋지 않죠. 우리는 그저 '민주주의를 실천하는 나라'가 아니라 '민주주의를 제대로 실천하는 나라'이고 싶기 때문입니다. 그런데 민주 시민임을 자처하고 있는 우리는 민주주의에 관해 얼마나 잘 알고 있을까요? 민주주의 수준이 높다, 낮다 따지기 전에 우선 민주주의가 무엇인지, 무엇이 민주주의를 만드는지 아는 게 먼저입니다. 그래야 우리나라 민주주의에서 어떤 점이 부족한지를 파악하고 수준을 높일 수 있으니까요.

'민주주의'라는 말은 우리 주변에서 많이 들어봤을 겁니다. 그런데 이 단어가 어떤 뜻인지 생각해 본 적 있나요? 사실 '민주주의'는 두 개의 그리스어에서 나왔는데요. 바로 '데모스demos'와 '크라티아kratia'입니다. 이 두 단어를 합치면 '데모크라티아demokratia'가 되고, 이게 바로 오늘날 우리가 말하는 민주주의의 어원입니다.

그럼 이 단어들은 무슨 뜻일까요? 먼저 '데모스'는 '사람들'이나 '대중'이라는 뜻입니다. '크라티아'는 '힘' 또는 '권력'을 뜻하죠. 그래서 '데모크라티아'는 '사람들의 힘' 또는 '대중의 권력'이라는 뜻을 담고 있습니다. 이건 무슨 의미냐 하면, 나라의 주인은 왕이나 귀족이 아니라 바로 사람들, 즉 우리 같은 평범한 사람들 모두라는 것입니다. 따라서 민주주의는 권력이 소수 귀족에게 독점되어 있는 귀족제나 왕 한 사람에게 독점되어 있는 군주제에 대응해 권력이 국민에게 있는 정치 체제를 말합니다.

이 말을 처음 사용한 건 고대 그리스 사람들이었습니다. 지금으로부터 약 2500년 전에 아테네라는 도시에서 사람들이 모여서 어떻게 나라를 운영할지 함께 결정했습니다. 그때 그리스 사람들은 '우리 모두가 나라의 주인이라면 좋지 않을까?'라고 생각했죠. 그래서 누구든지 나라의 중요한 문제에 대해 의견을 낼 수 있는 시스템을 만들었습니다. 이게 바로 민주주의의 시작입니다.

이해를 도울 만한 민주주의의 사례를 들어 볼게요. 친구들이랑 피자를 먹으러 갔다고 가정해 봅시다. 피자를 시킬 때 한 명이 혼자서 마음대로 주문한다고 하면 어떨까요? 친구들이 다 좋아할까요? 아마 싫어할 친구도 있겠죠. 그런데 만약 모두가 자신이 먹고 싶은 피자를 말하고, 다 함께 의논해서 피자를 고른다면 어떨까요? 그럼 무엇을 먹게 되든 불만이 적어지겠죠. 바로 이게 민주주의입니다. 다 같이 결정하고, 모두가 참여하는 것이죠.

그래서 민주주의는 '모두가 함께 결정하는' 힘입니다. 조직이나 국가의 모든 구성원이 주인이 되어 사회의 중요한 일에 관해 의견을 내고 결정할 수 있게 한다는 약속이기도 합니다. 이런 민주주의가 있어서 우리는 자유롭게 생각하고 말할 수 있는 권리를 가지는 것입니다.

민주주의 실현을 위해서 어떤 제도가 필요할까?

민주주의를 채택하고 "국민[民]이 나라의 주인[主]이다."라고 말한다고 해서 민주주의가 실현되는 것은 아닙니다. 민주주의가 실현될 수 있는 구체적인 장치가 마련돼 있어야 해요. 민주주의를 내걸고 독재를 하는 경우도 얼마든지 있으니까요. 그럼 어떤 제도적 장치가 있어야 국민이 나라의 주인이 되는 민주주의가 실현될 수 있을까요? 민주주의 발전을 위한 핵심 제도들을 알아볼게요.

첫째, 민주주의의 실현을 위해서는 입헌주의를 채택해야 합니다. 입헌주의란 국민의 합의에 의해 제정된 헌법에 따라 국가를 운영하는 것을 뜻합니다. 그래서 우리나라도 헌법을 제정해 국정 운영과 관련한 모든 문제를 헌법에 따라 처리하죠.

둘째, 법치주의가 확립되어야 합니다. 법치주의란 법에 의한 지배인데, 이것은 왕이나 대통령 등 권력자의 뜻대로 국가를 운영하는 것이 아니라 국민 또는 국민의 대표가 만들어 놓은 법에 따라 국정을 운영하는 것을 뜻합니다.

셋째, 권력 분립의 원칙이 지켜져야 합니다. 하나의 국가 기관이 지나치게 권력을 갖게 되면 국민의 자유와 권리가 위협을 당하기 쉽습니다. 이를 방지하고자 여러 기관에 힘을 나누어 놓는 것을 '권력 분립'이라 해요. 법을 제정하는 권한은 입법부(국회), 법을 집행하는 권한은 행정부에, 법을 적용하고 판단하는 권한은 사법부(법원)에 두지요. 이처럼 국가 권력을 분산시키는 이유는 상호 견제와 균형을 통해 권력이 남용되는 것을 막으려는 것입니다.

마지막으로 대의제(대의민주제)를 채택해야 합니다. 우리 사회는 복잡하고 규모가 크기 때문에 모든 국민이 직접 정치에 참여하기 힘듭니다. 그래서 선거를 통해 대표를 뽑아 국정 운영을 대신하도록 하는 것이죠. 이를 국민 대신 정치에 참여한다고 해서 '대의제'라 합니다. 대표자를 선출하여 그로 하여금 국민의 의사를 대신하도록 하는 대의제의 원칙은 간접민주정치에서 필연적인 제도입니다.

민주주의 사회에서는 대개 다수의 뜻에 따라 의사를 결정합니다. 우리나라뿐만 아니라 전 세계 대부분의 민주 국가에서 중요한 결정을 할 때는 투표를 통해 다수의 의견을 반영하죠. 하지만 여기서 한 가지 질문이 생깁니다. 다수가 항상 옳은 선택을 할까요? 그리고 다수결이 항상 공정한 방식일까요?

다수의 결정에 따르는 것은 공정해 보이지만, '다수의 횡포'라는 문제가 발생할 수 있어요. 일례로, 학교에서 어떤 안건을 학생들의 투표를 통해 결정한다고 가정해 봅시다. 다수의 학생들이 모든 숙제를 없애자고 결정하면, 그 결과가 꼭 바람직한 것일까요? 공부를 더 하고 싶어 하는 학생들의 의견은 무시될 수 있습니다. 이처럼 민주주의에서도 다수의 결정이 항상 옳지는 않을 수 있고, 때로는 올바른 소수의 목소리가 묻히게 됩니다.

또한 중우정치衆愚政治라는 개념도 있습니다. 중우정치란 어리석은 무리에 의한 정치, 즉 올바르고 공정한 판단을 내리지 못하는 변덕스러운 군중에 의해 결정되는 정치를 말합니다. 중우정치는 다수의 횡포와도 관련이 깊습니다. 인터넷이나 SNS에서 특정 이슈에 대해 많은 사람들이 격하게 반응하고, 감정적인 댓글이나 비난이 쏟아질 때를 생각해 보세요. 이런 상황에서는 이성적인 판단보다는 감정적인 반응이 우세해질 수 있어요. 그래서 다수의 의견이 항상 옳다고만 생각할 수 없어요. 잘못된 정보나 편견에 의해 다수가 이끌릴 수 있다는 점에서 민주주의에도 큰 위험이 존재합니다.

소크라테스는 아테네의 직접 민주주의를 '중우 정치'라고 비판하며, "거대한 배를 모는 건 항해술을 제대로 배운 사람 하나여야 하오. 지금 아테네는 그럴 듯한 말로 포장만 잘하는 사람들 여럿이 같이 배를 몰고 있소."라고 말했습니다.

민주주의는 완벽한 제도는 아닙니다. 특히 다수결의 원리에 따를 때 다수의 횡포와 중우정치라는 문제도 존재하고, 소수의 의견이 무시될 위험도 있죠. 하지만 민주주의는 여전히 많은 나라들이 선택하는 제도이고, 이를 보완하기 위한 노력도 계속되고 있습니다. 중요한 것은 우리가 다수결의 장점뿐만 아니라 그 한계도 이해하고, 소수의 권리와 공정한 결정을 위해 고민해야 한다는 점입니다.

자유민주주의 자유민주주의는 개인의 자유를 최대한 보장하면서 시장 경쟁의 원리를 강조하는 민주주의를 말합니다. 자유민주주의는 개인의 자유와 권리를 중요하게 여기는데요. 이를 위해 정부는 국민의 기본적인 자유와 인권을 보호하며, 법의 지배 아래에서 모든 사람이 평등하게 대우받도록 합니다. 자유민주주의는 우리나라를 포함한 수많은 나라들이 채택한 정치 시스템입니다.

사회민주주의 사회민주주의는 자유와 평등을 함께 중요하게 여기는 민주주의 사상입니다. 사회민주주의는 시장 경제를 인정하지만, 국가가 적극적으로 빈부 격차를 줄이고 복지를 확대하는 데 힘을 씁니다. 이를 통해 사람들이 더 평등하게 기회를 누리도록 돕는 것이 사회민주주의의 목표입니다. 사회민주주의는 자유로운 개인의 권리를 보장하면서도, 사회 전체의 안정과 조화를 추구합니다. 스웨덴이나 노르웨이 등 북유럽 국가에서는 사회민주주의를 채택하고 있습니다.

공산주의, 자본주의 경제 체제의 측면에서 보자면, 공산주의는 생산 수단의 사유화를 없애는 것을 이상으로 하는 사상을 말합니다. 공산주의의 반대는 자본주의입니다. 자본주의는 자신의 능력에 따라 재산을 모으고 쓸 수 있는 자유를 중요하게 생각하죠. 우리나라를 비롯해 미국, 영국 등 세계 여러 나라가 자본주의를 채택하고 있습니다. 반면 북한과 같은 공산주의 국가는 점점 줄어들고 있습니다. 대표적인 공산주의 국가였던 러시아나 중국도 자본주의 제도를 많이 받아들였습니다.

민주주의에서도 독재가 나타날 수 있을까?

흔히 민주주의의 반대 개념은 공산주의라고 알고 있는데 그렇지 않습니다. 민주주의와 대립되는 정치 방식은 권력이 일부에게만 있는 독재 체제라고 할 수 있습니다. 독재 체제 아래에서는 사람들의 자유와 평등이 지켜질 수 없기 때문이죠. 독재는 다수에게는 나쁜 제도지만 권력을 독점한 소수에겐 더할 나위 없이 유리한 제도입니다.

루이 14세는 굶주리고 헐벗은 신민들을 동원해 화려한 궁전을 여러 채 지었습니다. 그가 죽은 지 70여 년이 지난 1789년에 프랑스 시민들은 혁명을 일으켜 그의 후계자인 루이 16세를 몰아내고 공화국을 세웠습니다.

오늘날에도 여전히 군주국가가 많이 남아 있습니다. 영국이나 스페인, 스웨덴 같은 나라는 지금도 군주국가죠. 그러나 이 나라들도 헌법에 따라 국민들이 선출한 의회가 있고, 의회의 다수당이 정부를 구성하고 있습니다. 이러한 나라를 입헌군주국가라고 부릅니다. 즉, 국왕은 있지만 헌법에 따라 운영되는 국가라는 뜻이죠. 이들 입헌군주국의 국왕은 '군림은 하되 지배는 하지 않는' 명예직으로서 국가를 대표할 뿐입니다. 공화국에는 국왕이 없는 대신 국민들이 국가를 이끌 지도자를 선출하고, 선출된 지도자(대통령이나 총리)가 나라를 대표합니다. 이 둘 가운데 어느 것이 좋고 나쁜지는 우열을 가릴 수 없습니다. 한 나라의 정치체계는 그 나라에서 민주주의가 발전해 온 고유한 역사의 산물입니다. 그것은 헌법으로 규정되고 표현되죠.

우리나라의 국가 형태가 공화국으로 자리 잡게 된 것도 오랜 역사적 과정의 결과입니다. 일제로부터 핍박받았던 민중들이 자신들의 주권 회복을 위해 싸웠고, 이러한 흐름을 이어받아 해방 이후 민주공화제 국가가 세워진 것이에요.

그러나 공화국에서도 독재자는 나타날 수 있습니다. 독재국가에서 국민들은 정부가 하는 대로 따라야 합니다. 형식으로 선거는 하지만, 선거를 통해서 정부를 바꿀 수는 없습니다.

　이는 우리나라 근현대사를 보더라도 알 수 있습니다. 1948년 대한민국 정부 수립 이후 1960년대까지는 이승만 정권의 장기 독재가 계속되었고요. 이어서 4·19혁명으로 수립된 민주 정부를 군사 쿠데타로 뒤집은 박정희 군사정권은 1979년까지 무려 18년 동안 집권했죠. 그리고 1980년 5·18 광주민주화운동을 총칼과 탱크로 짓밟은 전두환 정권이 1987년까지 이어졌습니다. 1987년 6월 민주항쟁으로 군사독재 세력이 대통령 직선제를 받아들임으로써 어느 정도 민주주의가 가능하게 되었습니다. 국가 최고 지도자인 대통령을 국민의 직접 투표로 뽑을 수 있게 된 것이죠. 그리고 1997년, 건국 이래 처음으로 야당 후보가 대통령에 당선되어 선거를 통해 정권을 교체하기도 했습니다.

02

근대 시민혁명은 왜
민주주의의 꽃이라 불릴까?

지금 우리가 누리는 자유와 권리, 그리고 투표를 통해 정부를 선택하는 민주주의 제도는 어디에서 시작되었을까요? 이 모든 것은 오랜 시간에 걸쳐 많은 사람들의 희생과 노력을 통해 이루어진 결과입니다. 영국, 미국, 프랑스에서 일어난 근대 시민혁명들은 오늘날 우리가 민주주의 사회에서 살 수 있게 해 준 중요한 사건들이에요. 이 혁명들은 왕의 절대 권력을 제한하고, 국민이 주인이 되는 세상을 만들기 위한 싸움이었어요.

이제 우리는 이 세 가지 중요한 혁명을 통해 어떻게 민주주의가 꽃을 피우게 되었는지 함께 알아보려고 합니다. 각 혁명이 어떻게 세상을 바꾸었고, 오늘날의 민주주의에 어떤 영향을 미쳤는지 흥미진진한 이야기가 펼쳐질 거예요.

16, 17세기 이후 영국에서는 신흥 지주 세력인 젠트리와 도시에서 상공업에 종사하는 시민 계급이 사회적으로 크게 성장한 상태였는데요. 이들은 종교적으로는 칼뱅파의 크리스트교 교리를 따르는 청교도가 많았습니다.

젠트리는 영국 의회에서 활발하게 활동했는데요. 왕이었던 제임스 1세와 이후 왕이 된 찰스 1세가 독단적으로 정치를 하고 청교도들을 탄압하자, 의회에서는 "의회의 승인 없이 세금을 징수할 수 없다."라는 내용으로 권리청원을 왕에게 제출합니다. 다른 나라와 전쟁을 하기 위해 의회의 도움이 필요했던 찰스 1세는 '권리청원'을 마지못해 받아들이는데요. 곧 이를 무시하고 의회도 해산시킨 후 10여 년간 전제 정치를 이어갑니다.

그러다 1640년에 찰스 1세가 전쟁 비용을 확보하고자 다시 의회를 소집하자, 의회를 중심으로 시민들의 불만이 폭발하기 시작합니다. 결국 1642년 영국에서는 왕을 지지하는 왕당파와 의회를 지지하는 의회파로 나뉘어 전쟁이 일어나게 됩니다. 그래서 청교도 혁명을 잉글랜드 내전이라고도 부르지요. 결국 의회파가 승리하고, 1649년에 찰스 1세가 처형을 당하는 일이 일어나게 됩니다. 왕이 없어진 영국에서는 의회와 의회를 이끌었던 크롬웰이라는 인물을 중심으로 공화정 정부를 수립하게 됩니다.

크롬웰이 이끌던 공화정은 크롬웰이 죽은 후 다시 왕정으로 되돌아가게 됩니다. 이후 죽은 찰스 1세의 아들인 찰스 2세, 제임스 2세가 이후 영국의 왕이 되어 영국을 다스리게 되는데요. 이들은 아버지였던 찰스 1세처럼 전제 정치를 강화하려고 했습니다.

결국 제임스 2세 시기에 사람들의 불만이 다시 한 번 폭발하게 되는데요. 의회와 시민들은 제임스 2세의 딸 메리에게 도움을 요청하게 됩니다. 바다 건너 네덜란드의 윌리엄 공과 결혼했던 메리는 이 요청을 받아들였고, 윌리엄과 메리가 영국으로 들어오게 됩니다.

제임스 2세는 왕위를 지키고자 맞서 싸우려고 했지만, 자신을 따르는 사람들은 많지 않았고, 결국 왕위에서 쫓겨 가 프랑스로 도주했습니다. 우리는 피를 흘리지 않고 혁명이 성공했다고 해서 이 사건을 명예혁명(1688)이라 부르지요.

명예혁명 직후, 의회는 공동 왕인 윌리엄과 메리로부터 권리장전의 승인을 받아냅니다. 권리장전의 주요 내용은 '의회의 승인 없이 국왕이 세금을 징수할 수 없다.'라는 것인데요. 권리장전은 마치 법과 같아서 이후의 왕들도 계속 따르게 됩니다. 명예혁명으로 나랏돈은 왕 개인의 것이 아니며, 의회의 동의를 거쳐 국민으로부터 나온다는 원칙이 세워졌습니다. 또, 왕이 마음대로 법을 없애거나 바꿀 수 없게 되었고, 정치의 중심도 왕에서 의회로 옮겨졌어요. 이렇게 해서 '왕이 다스리지만, 실제로는 의회가 중심이 되는' 입헌군주제가 시작되었어요.

17세기부터 종교적 탄압을 피하고 새로운 삶을 살기 위해 북아메리카로 이주하는 영국인들이 있었습니다. 새로운 환경에서 조금씩 정착에 성공하자, 점점 더 많은 사람들이 이주하기 시작하며, 북아메리카의 동부 해안에는 13개의 식민지가 건설되게 됩니다. 영국은 이 식민지들에게 상당한 자유를 주었고, 북아메리카 식민지에 사는 사람들은 의회를 구성하고 자치를 하기도 했습니다. 그러다 영국이 어느 순간 북아메리카의 식민제에 대한 통제를 강화하고, 자유를 억압하게 되는데요. 그래서 일어난 사건이 바로 미국 독립 혁명입니다.

영국은 프랑스와의 전쟁으로 재정이 어려워지자 북아메리카 식민지에 세금을 부과하려고 했습니다. 각종 문서에 세금을 부과하는 인지세법을 만들자, 식민지인들은 크게 반발하게 됩니다. 이후로도 영국은 각종 세금을 부과하였고, 식민지인들의 불만은 결국 1773년 '보스턴 차 사건'으로 폭발하게 됩니다. 식민지 사람들이 영국 본국에 항의하고자 아메리카 원주민의 모습으로 꾸민 뒤 영국 동인도회사 배의 차 상자를 바다에 버리는 소동을 일으킨 것이지요.

식민지 사람들의 소행임을 파악한 영국 정부는 군대를 보내 보스턴 항구를 폐쇄하고 아주 강력하게 대응합니다. 영국군의 강경

한 태도에 식민지의 대표들은 대륙 회의를 개최하고 영국에 맞서기로 결의합니다. 또 영국군과의 충돌에 대비하기 위해 다양한 사람들이 모여 민병대가 조직되는데요. 결국 렉싱턴에서 영국군과 민병대가 충돌하게 되면서 미국 독립 전쟁이 시작됩니다.

대륙 회의에서는 조지 워싱턴을 총사령관으로 하는 대륙군을 구성하고 본격적으로 전쟁에 임하게 됩니다. 또한 1776년 독립 선언문을 공포하고 영국으로부터의 독립을 위해 싸웠습니다. 영국군에게 밀리던 전쟁 분위기는 영국 견제를 위해 프랑스가 참전하며 점차 바뀌게 됩니다. 결국 영국은 계속되는 전쟁과 국가적 고립에 지쳐 1782년 평화를 원했고, 1783년 파리조약을 맺으며 13개들의 식민지들의 독립을 인정합니다.

영국으로부터 독립한 13개의 식민지는 1787년 필라델피아 제헌 회의에서 삼권분립에 의한 공화제 헌법을 제정하고 자치를 하는 13개의 주가 연방을 구성하는 연방제 국가를 만들기로 합니다. 초대 대통령으로는 조지 워싱턴을 선출하게 되는데요. 이로써 세계 최초의 민주공화국인 아메리카 합중국이 탄생합니다.

절대왕정을 무너뜨린 시민혁명, 프랑스 대혁명

인권이라는 말은 사람으로서 당연히 누려야 할, 인간답게 살 권리를 말해요. 이와 밀접한 사건이 바로 프랑스 대혁명입니다. 시민들이 절대왕정을 무너뜨리고 유럽 사회에 새로운 질서를 가져오게 한 사건이에요.

혁명이 일어나기 전만 해도 프랑스 사회는 절대왕정의 최대 강국이었습니다. 제1신분인 성직자와 제2신분인 귀족들은 많은 땅을 가졌으면서도 세금 한 푼 내지 않았습니다. 반면 제3신분 평민들은 무거운 세금을 부담하면서도 정치에 참여할 수 없었지요. 특히 제3신분을 대표하던 판사, 변호사, 부유한 상인 같은 부르주아들의 불만은 하늘을 찔렀습니다.

당시 프랑스는 정치적, 사회적으로 매우 불안한 상태였어요. 루이 16세의 방탕한 경영으로 재정은 바닥나고 각종 전쟁에 참가하는 바람에 국가가 빚더미에 올라 있었습니다. 루이 16세는 이를 타개하기 위해 귀족들에게도 세금을 부과하려 했어요. 그러나 귀족들의 반대에 부딪치자 삼부회를 열고 대책을 논의하기로 했습니다. 시민들은 이에 국민의회를 결성했습니다. 어차피 삼부회에서도 자신들에게 불리한 결과가 나올 것이 뻔했기 때문입니다.

루이 16세는 국민의회를 국가에 반항하는 단체라 생각하고 군대를 동원해 해산하려고 했지만 이를 알게 된 시민들은 민병대를 조직해 1789년 7월 14일 바스티유 감독을 습격하면서 파리를 점령하게 됩니다. 그리고 국민의회에서 인간과 시민의 권리를 널리 알리는 '인권 선언문'을 발표합니다.

왕의 측근인 리앙쿠르 공이 바스티유 감독의 습격 소식을 루이

16세에게 보고하자 그제야 루이 16세는 놀라면서 목소리를 높였습니다. "뭐라고? 그렇다면 반역이 아닌가!" 리앙쿠르 공은 또렷하게 대답했습니다. "폐하, 이것은 반역이 아니라 혁명이옵니다."

혁명이 일어나자 루이 16세와 왕비 앙투아네트는 오스트리아로 망명하려다 붙잡혀서 형장의 이슬로 사라졌습니다. 부르주아를 중심으로 똘똘 뭉친 시민들은 절대 권력을 누리던 왕과 귀족에 맞서 싸웠고, 결국 그들을 내쫓는 데 성공합니다. 그러나 여기서 그치지 않고 불평등하고 불합리한 제도를 하나씩 없애기 시작해요.

프랑스 혁명은 단순히 왕을 몰아내는 데서 끝난 것이 아니라, 모든 사람이 평등한 사회를 만들기 위한 첫걸음이 되었습니다. 국민이 직접 권력을 만들고 행사할 수 있다는 민주주의의 원칙이 자리 잡았고, 공화정이 탄생했어요. 또, 혁명을 통해 만들어진 인권 선언문은 모든 인간이 자유롭고 평등하다는 사상을 세상에 널리 퍼뜨렸어요. 이후 유럽을 비롯한 전 세계 많은 나라가 프랑스 혁명의 영향을 받아 자유와 평등을 위한 변화를 꿈꾸게 되었죠.

이 혁명은 단순히 왕과 제도를 바꾼 것이 아니라, 시민이 국가의 주인이 되는 새로운 시대를 연 역사적 사건이었어요. 오늘날 우리가 누리는 민주주의와 인권의 기본 정신도 프랑스 혁명에서 시작되었다고 할 수 있어요. 왕이 아닌 국민이 중심이 되는 세상을 향한 도전, 그것이 바로 프랑스 혁명의 가장 큰 의미예요.

권리장전(1689) 권리장전은 1689년 영국에서 만들어진 법으로, 왕의 권력을 제한하고 국민의 기본적인 권리를 보호하기 위해 제정되었습니다. 이 법은 왕이 세금을 마음대로 부과하거나 군대를 임의로 유지할 수 없게 했어요. 또한, 사람들을 고문하거나 불법적으로 구속하는 것도 금지했죠. 권리장전은 영국 내에서 입헌군주제와 의회 중심의 정치를 확립하는 데 중요한 기초가 되었고, 미국의 독립선언문과 헌법 제정에도 큰 영향을 미쳤습니다. 오늘날에도 권리장전은 민주주의와 인권 보호의 중요한 기초로 남아 있습니다.

미국 독립 선언문(1776) 미국 독립 선언문의 한 대목을 살펴보면, "모든 인간은 태어나면서부터 평등하며, 조물주가 부여한 인간의 권리 가운데는 자유와 행복을 추구할 권리가 있다. 이 권리를 지키기 위해 인간은 정부를 만들었고, 만약 정부가 국민의 권리를 침해할 때는 그 정부를 변혁하고 새로운 정부를 세우는 것이 국민의 권리다."라고 되어 있습니다. 여기에는 오늘날 민주주의의 기본 원리가 잘 드러나 있으며, 10여 년 뒤 프랑스 대혁명에도 큰 영향을 미쳤습니다.

프랑스 인권 선언문(1789) 프랑스 인권 선언문 제1조는 "인간은 자유롭고 평등하게 태어나서 생활을 할 권리를 가진다."라고 명시했고 제3조는 "모든 주권의 근원은 국민에게만 있다."라고 천명했습니다. 우리가 당연하다는 듯 누리고 있는 민주주의 이념은 치열한 투쟁과 혁명으로 얻어 낸 것입니다.

세 가지 대표적인 혁명 말고
또 알아야 할 시민혁명이 있을까?

네덜란드는 16세기 중반, 스페인의 지배를 받고 있었어요. 그런데 스페인은 네덜란드 사람들에게 가혹한 세금을 부과하고, 그들이 믿는 개신교를 탄압하면서 가톨릭을 강요했어요. 네덜란드 사람들은 이런 불공평한 대우에 불만을 품고, 1568년에 독립혁명을 일으켰습니다. 네덜란드 사람들은 처음에는 힘든 싸움을 했지만, 강력한 해군 덕분에 점차 스페인 군을 물리쳤어요. 바다에서 싸우는 데 능한 네덜란드 군은 스페인 배를 공격하고, 독립을 향해 나아갔죠. 결국 네덜란드는 1648년 베스트팔렌 조약을 통해 독립을 인정받고, 스페인으로부터 완전히 자유를 얻게 되었습니다. 이 혁명은 단순히 네덜란드의 독립만을 의미하지 않았습니다. 공화국이라는 새로운 정치 체제를 만들었고, 이는 이후 다른 나라들의 민주주의 발전에 영향을 끼쳤습니다.

아이티 혁명(1791~1804)은 세계 최초의 성공적인 노예 반란이자 흑인들이 주도한 독립 혁명입니다. 당시 아이티는 프랑스의 식민지였고, 많은 흑인들이 노예로 일하면서 매우 열악한 생활을 하고 있었죠. 하지만 투생 루베르튀르라는 뛰어난 지도자가 등장해 노예제에 반대하는 운동을 이끌었고, 결국 아이티는 독립을 쟁취하게 됩니다. 아이티 혁명은 그동안 유럽의 식민지에서 억압받던 수많은 사람들에게 자유와 평등을 위한 싸움의 상징이 되었죠. 혁명의 지도자였던 투생 루베르튀르는 단지 자유를 원한게 아니라, 자신의 민족이 동등한 대우를 받을 수 있도록 싸웠습니다. 그가 이끈 아이티의 노예들은 프랑스군과 싸워 이겼고, 그결과 세계에서 가장 가난했던 나라 중 하나가 독립할 수 있었죠.

아이티 혁명은 단순한 독립 혁명이 아니었습니다. 인종 차별에 대한 저항이었고, 흑인들이 노예 제도에 맞서 싸워 자신들의 권리를 쟁취한 혁명이었죠. 이는 인류 역사에서 인종적 평등을 위한 큰 발걸음이었습니다. 혁명의 영향은 지금까지도 남아 있습니다. 미국의 남북전쟁에서도 노예제 폐지 운동에 큰 영향을 미쳤고,

전 세계 식민지에서 독립을 원하는 많은 나라들에게 희망을 주었습니다.

네덜란드 독립 혁명, 아이티 혁명은 각각 유럽과 아메리카 대륙에서 민주주의와 자유, 평등의 씨앗을 뿌린 사건들입니다.

그러면 우리나라의 대표적인 시민혁명인 4·19 혁명에 대해서도 알아볼까요? 1960년 3월 15일, 대통령과 부통령을 뽑는 선거가 열렸습니다. 당시 대통령이었던 이승만과 자유당은 승리를 위해 부정선거를 저질렀어요. 미리 투표하기, 공개 투표 강요, 개표 조작 등 온갖 불법적인 방법을 동원했죠. 이에 분노한 시민들과 학생들은 선거 무효를 외치며 시위를 벌이기 시작했어요. 그러던 중 마산에서 시위에 참여했던 김주열 열사가 경찰의 최루탄을 맞고 숨지는 사건이 발생했어요. 서울을 비롯한 전국 곳곳에서 학생과 시민들이 거리로 나와 독재 정권에 맞섰고, 이는 4·19 혁명으로 이어졌습니다.

국민들의 거센 저항에 직면한 이승만은 결국 대통령직에서 물러나겠다고 발표했어요. 학생들과 시민의 힘으로 독재 정치를 끝내려고 했던 4·19 혁명은 이후 우리나라 민주주의 발전의 중요한 밑거름이 되었습니다.

03

대의민주주의로 정말 국민의 뜻을 잘 반영할 수 있을까?

　지구촌에 존재하는 정치제도 중에 민주주의를 채택하는 국가들은 모두 대의제 형태를 채택하고 있습니다. 간접민주주의 또는 대의민주주의라고 부르는 제도로 말이죠. 이 제도에서는 시민이 직접 국가의 정책을 결정하지 않습니다. 국민이 대표자를 선출하고 선출된 대표자가 결정하는 구조입니다. 즉, 대표가 권력을 가지고 있죠. 언뜻 보면, 대의민주주의는 다수가 직접 통치하지 않기 때문에 민주주의가 아닌 것처럼 보입니다.

　그렇다면 질문 하나 할게요. 주권자인 국민이 자신들을 통치할 대표를 뽑았다는 이유만으로 민주주의라 할 수 있을까요? 대의민주주의, 과연 국민이 원하는 대로 모든 것을 잘 반영할 수 있는 완벽한 시스템일까요? 이런 의문을 함께 풀어봅시다.

상상해 볼게요. 만약 중요한 법안이나 규칙을 정할 때마다 국민이 모두 모여서 표를 던져야 한다면 어떨까요? 이처럼 모든 사람이 한꺼번에 참여하는 방식을 '직접민주주의'라고 해요. 실제로 고대 그리스의 도시국가 아테네에서는 시민들이 광장에 모여 직접 표를 던져 결정하는 직접민주주의를 시행했어요. 그런데 요즘처럼 각 지역에 많은 사람들이 사는 나라에서 이렇게 하는 게 정말 가능할까요?

직접민주주의는 모든 시민이 자신의 의견을 직접 표로 표현하는 방식이에요. 이는 모든 사람들이 자신의 생각을 직접 반영할 수 있다는 점에서 좋지만, 인구가 많거나 지역이 넓은 나라에서는 시행하기 어렵다는 문제가 있죠.

대의민주주의는 대표자를 뽑아 그 사람들이 국민의 의견을 대신하여 결정하는 방식이에요. 이렇게 하면 많은 사람들의 생각을 한번에 반영할 수 있어서 큰 나라에서도 효율적으로 민주주의를 유지할 수 있어요.

대부분의 현대 국가에서는 바로 이 대의민주주의를 사용해요. 여러 가지 이유가 있지만, 무엇보다 모든 국민이 매번 결정에 참여하는 것이 불가능하기 때문이에요. 대신 우리는 국회의원이나 대통령 같은 대표자에게 표를 던지고, 그들이 우리의 목소리를 대신해 정책을 결정해 주기를 기대해요. 예를 들어 우리가 학급에서 대표를 뽑아 전교 대의원 회의에 참석시키는 것처럼요.

하지만 여기서 질문이 생겨요. 과연 이 대표들이 정말 국민의 뜻을 잘 반영할까요? 대의민주주의에서는 국민들이 자신의 대표자를 신뢰하고 선택하지만, 모든 대표가 항상 국민의 목소리를 100% 반영한다고 보장할 수는 없어요. 가끔은 대표가 자신을 뽑은 사람들이 원하지 않는 결정을 내리기도 하고, 전체 국민의 의견과는 다른 결론을 내릴 때도 있어요. 이런 점에서 대의민주주의의 문제가 드러나기도 해요.

국민이 뽑은 대표가 국민의 의견을 제대로 반영하지 못한다면?

대의민주주의에서는 국민이 뽑은 대표가 국민의 의견을 얼마나 대변하는지가 항상 과제로 남습니다. 사람들은 그들이 국민들과는 전혀 다른 세계에서 따로 생활하는 사람들로 생각하기도 하죠. 그리고 실제로 국민이 원하는 방향과는 반대되는 결정을 내리거나, 자신의 이익만을 좇는 경우도 자주 볼 수 있습니다.

국민이 환경을 중요하게 생각해서 환경 보호를 외치는 대표를 뽑았는데, 그 대표가 환경보다 경제를 우선하는 결정을 내릴 수도 있죠. 대의민주주의가 가진 이런 문제 때문에 18세기 사상가 루소는 그 시대의 영국 민주주의를 일컬어 "영국인들은 선거 때만 자유인일 뿐 나머지 시간에는 노예보다 나을 게 없는 처지로 되돌아간다."라고 비꼬았습니다.

현대에는 이러한 문제들을 해결하기 위해 직접민주주의 특성을 갖는 국민투표제, 국민발안제, 국민소환제를 도입하는 국가도 있습니다. 우리나라도 헌법 개정 등 중요한 정책은 국민투표를 거치도록 하고 있죠. 그리고 자치단체들의 대표들에 한해 주민소환제를 부분적으로 도입해 실시하고 있습니다.

한편, 스위스는 직접민주주의 방식을 많이 활용하는 나라입니다. 스위스의 일부 주에는 란츠게마인데Landsgemeinde라는 특별한 주민 총회가 있습니다. 참정권을 가진 주민이 매년 모여 주의 법안에 대해 표결하거나 주지사, 주 정부 장관을 선출합니다. 참석자들은 자유롭게 질문할 수 있고, 의사 결정을 할 때는 손을 들어 의견을 표시합니다. 주민 모두가 투표를 제안할 수 있고, 온 주민이 함께 논의하여 결정한다는 점이 신기하면서도 부럽기도 하네요.

국민의 다양한 목소리를 반영하는 다른 방법

최근에는 인터넷 등을 통해서 활발한 정치 참여가 이루어지면서 이러한 환경에 알맞게 직접민주주의 요소를 강화하자는 주장도 나오고 있습니다. 주민들이 모두 한자리에 모이기 힘든 상황에서 사안에 따라서는 인터넷을 이용해 주민들의 의견을 묻는 전자 투표도 가능해졌기 때문이죠. 이처럼 발달한 전자 기술을 활용한 민주주의를 흔히 '전자 민주주의'라고 합니다. 이 방법을 통해 더 많은 사람들이 의견을 내고, 투표하고, 정책을 만들 수 있죠. 대표적 사례로는 세계 최초로 인터넷 투표를 도입한 에스토니아를 들 수 있어요. 이 나라 사람들은 집에서 컴퓨터나 스마트폰을 이용해 선거에 참여할 수 있어요. 직접 투표소에 가지 않아도 되고, 클릭 몇 번으로 간단히 투표를 마칠 수 있죠.

최근에는 주민소환제나 전자 투표만이 아니라 다양한 방식으로 주민의 직접 참여를 높이려는 경향을 보이고 있습니다. 시민 사회가 정치에 참여하고자 하는 요구가 커지면서 정당과 의회에만 정치를 맡기기는 어렵기 때문이죠. 이렇게 가능한 한 많은 구성원이 자발적으로 공동체의 의사 결정에 참여하는 방식을 '참여 민주주의'라고 합니다. 즉, 참여 민주주의는 주민의 참여를 광범위하게 보장하는 것이에요.

참여 민주주의는 정부의 의사 결정 과정에 정치단체, 사회단체, NGO, 민간 조직들이 광범위하게 참여하는 방식으로 이루어집니다. 일례로 지방자치단체의 '주민 참여 예산제'를 들 수 있어요. 주민 참여 예산제는 지역의 주민들이 모여 예산을 어떻게 사용할지 직접 결정하는 제도예요. 예를 들어, 학생들이 공원에 더 많은 놀이기구가 필요하다고 생각한다면, 주민 참여 예산제 회의에 참여해

이 의견을 제시할 수 있어요. 주민들의 의견이 모이면 실제로 공원에 놀이기구가 더 생길 수도 있는 거죠.

전자 민주주의와 참여 민주주의가 발달하면서 가장 크게 달라진 점은 국민이 정치에 더 쉽게, 다양한 방법으로 참여할 수 있게 된 것입니다. 즉, 대표자에게 개인의 의사를 위임하는 데 만족하지 않고, 누구나 의사 결정 과정에 접근할 수 있는 기회를 충분히 갖게 된 것이에요.

직접민주주의 요소를 가진 제도들

제도	내용	사례
국민 투표제	국가의 중요한 문제를 국민의 투표로 결정하는 제도입니다.	2016년 브렉시트 국민투표에서는 영국의 유럽연합 탈퇴 여부를 국민이 직접 결정했습니다.
국민 발안제	국민이 기존의 법을 고치거나 새로운 법을 만들어야 한다고 제안하고 투표를 통해 가부를 결정하는 제도입니다.	미국 캘리포니아 주에서는 주민들이 법안을 발의해 법률을 제정할 수 있으며, 1996년 의료용 대마초 합법화 법안이 주민발안으로 통과되었습니다.
국민 소환제	선거를 통해 선출한 대표자가 부패하거나 무능한 경우 투표를 통해 파면 여부를 결정하는 제도입니다.	베네수엘라는 대통령을 포함한 선출직 공직자에 대해 국민소환을 할 수 있어요. 2004년에는 우고 차베스 대통령에 대한 국민소환 투표가 열렸지만, 차베스가 과반수의 지지를 얻어 자리를 지켰습니다.

다수결과 만장일치 선택해야 하는 순간이 올 때, 우리는 다수결의 법칙을 종종 이용합니다. 이 다수결의 법칙에서 모든 사람의 의견이 같을 때 만장일치라고 하는데요. 유대인들의 지혜서인 『탈무드』는 만장일치를 부정적으로 봤습니다. 끔찍한 죄를 저지른 사람을 재판할 때도 최소한 한 사람은 범죄자를 변호해야 한다고 했습니다. 사람들의 의견은 원래 똑같을 수 없고 치열한 토론 속에서 진리를 찾아간다고 본 것이죠. 반면에 과거 신라에서 나라의 중요한 일을 결정했던 화백이라는 귀족회의는 만장일치 방식으로 운영했습니다. 한 사람이라도 뜻이 다르면 결정을 멈추었다고 하네요. 만장일치 방식은 모든 사람이 동의할 때만 결정을 내리니까 모두의 의견이 중요하게 다뤄지고, 어느 한 사람의 반대도 무시되지 않아서 더 공정하고 평화롭게 결정을 할 수 있죠. 반면, 만약 저마다 의견이 조금이라도 다르면 결정을 내리기 어려워져서 중요한 일을 처리하는 데 시간이 오래 걸릴 수 있어요.

전자 투표 전자 투표는 컴퓨터나 스마트폰 같은 전자 기기를 이용해 투표하는 방식을 말해요. 기존에는 투표소에 가서 종이에 기표하고 투표함에 넣었지만, 전자 투표는 인터넷이 연결된 기기로 본인 확인 후 바로 투표할 수 있어요. 전자 투표는 투표와 개표가 빠르고 정확하며, 비용을 줄이고 투표율을 높이는 장점이 있어요. 그래서 공동주택, 학교, 단체 등에서도 점점 전자 투표를 도입하는 곳이 많아지고 있어요. 앞으로 기술이 더 발전하면 전자 투표가 더 편리하고 안전한 방식으로 활용될 가능성이 커질 거예요.

어떻게 하면 국민의 소리를
잘 들을 수 있을까?

예로부터 "국민은 하늘이다.", "하늘의 소리를 듣듯이 국민의 소리를 들어라."라는 말이 전해져 왔습니다. 국민의 소리를 잘 들을 수 있는 가장 확실한 방법은 국민 한 사람 한 사람으로부터 직접 이야기를 들어보는 겁니다.

옛날 왕들은 가끔 변복 차림으로 사람들이 많이 모이는 주막 같은 곳에 가서 오가는 사람들의 이야기를 들었습니다. 왕이 직접 국민의 소리를 들었던 거죠. 이를 통해 신하들로부터 좋은 소리만 걸러서 듣고 있지 않은지 살펴보고 반성하는 기회를 가졌습니다. 그런가 하면 신문고를 설치해 백성들의 억울한 사정을 듣기도 했습니다.

조선 시대의 사림士林은 국가에 중요한 일이 있을 때마다 상소를 올렸습니다. 당시에는 벼슬아치뿐만 아니라 시골에 사는 선비들도 상소를 올릴 수 있었는데요. 상소는 그야말로 백성의 소리를 직접 전하는 것이었습니다. 선조가 다스리던 시절 조헌은 도끼를 들고 대궐 문 앞에 엎드려 상소를 올렸습니다. 임금이 자신의 상소를 받아들이지 않으려면 그 도끼로 목을 치라는 뜻이었습니다. 이와 같은 상소의 전통 때문에 조선의 왕들은 국민의 소리를 무섭게 알고 조심했던 것입니다.

현대에도 대통령이나 수상, 장관, 국회의원 등 정치 지도자들은 다양한 방식으로 국민의 소리를 듣고 있습니다. 최근에는 인터넷을 통해 현장감을 보완하기도 하지요. 정부 기관들이 페이스북, 트위터, 인스타그램 같은 SNS를 활용해서 국민과 소통하고 있습니다. 또한, 특정한 안건에 대한 국민 전체의 의견을 살피기 위해, 지역·세대·성별을 고려한 표본을 추출해 여론 조사를 실시하기도 합니다. 이렇게 다양한 방법을 통해 정부는 국민의 의견을 듣고 정책에 반영하려고 합니다. 이는 국민이 직접 정치에 참여할 수 있는 좋은 기회가 되기 때문에, 우리가 사는 사회를 더 좋게 만드는 데 큰 도움이 됩니다.

04

선거제도는 과연
정말 합리적일까?

학교에서 전교 회장 선거가 열렸다고 상상해 봅시다. 여러분은 평소 친한 친구가 회장 후보로 나왔기 때문에 그 친구에게 표를 주고 싶어요. 그런데 투표에 참여할 수 있는 학생들이 정해져 있다면 어떨까요? 여러분도 학교 생활을 함께하고 회장의 결정에 영향을 받을 텐데, 투표할 권리가 없다면 불공평하게 느껴지겠죠? 이처럼 '참여할 수 있는 권리'는 학교에서뿐 아니라 사회에서도 중요한 문제예요. 자신의 목소리를 내고, 자신이 원하는 세상을 만드는 방법으로 많은 사람들이 선거에 참여해요.

여기서 질문이 하나 생기죠. "모든 사람이 똑같이 참여한다면, 과연 좋은 선택이 이루어질까요?" 사람마다 생각이 다르기 때문에 어떤 사람은 다수의 결정이 잘못됐다고 생각할 수도 있어요. 그래서 우리가 사용하는 선거제도가 정말 완벽하고 합리적인지 생각해 봐야 합니다.

선거는 국민을 대표해서 나랏일을 맡아 할 사람을 투표로 뽑는 것이에요. 선거는 '민주주의의 꽃'이라고 부릅니다. 특히 오늘날과 같은 대의민주주의에서는 고대 그리스에서처럼 시민 한 명 한 명이 직접 정치에 참여하는 것이 아니고, 나를 대신해서 정치를 해줄 사람을 뽑는 것이기 때문에 더욱 중요해요. 즉, 민주주의에서 선거는 한마디로 선택권을 국민에게 주는 거예요.

흔히 선거를 '뽑는 것'이라고 생각해요. 그 말은 절반만 맞는 거예요. 한편으로는 선거는 '떨어뜨리는 것'이기도 하기 때문이죠. 국회의원 선거를 예로 들어 봅시다. 어떤 대표자가 임기 중에 비리와 부정을 저지르거나 대표자로서 능력을 보여주지 못하면 국민은 다음 선거에서 다른 후보자에게 투표함으로써 대표자를 바꿔요. 그래서 대표자를 통제하고 교체할 수 있는 선거가 중요해요.

많은 정치인들이 선거 때만 국민들의 말에 귀를 기울이는 척할 뿐 당선되고 나면 나 몰라라 하기도 합니다. 그러나 그것은 투표를 더 잘해야 할 이유이지, 투표를 포기하는 이유가 되어서는 안 됩니다. 만약 투표를 포기하면 훨씬 더 나쁜 정치인들이 마음껏 활개칠 수 있는 무대를 마련해 주는 것이 되거든요.

만약 능력이 부족하고 도덕적이지 않은 사람을 대표자로 뽑으면 나라가 어떻게 될까요? 정책을 제대로 수행하지 못하거나 대표자 자신의 이익을 위해서 나라 살림을 마음대로 운영하겠죠. 그렇게 되면 국민들은 살기 어려워지고 나라 전체가 혼란에 빠집니다. 이처럼 선거는 우리와 상관없는 일이 결코 아닙니다. 내가 가진 소중한 한 표를 어떻게 행사하느냐에 따라 우리가 속한 학교나 이웃, 더 나아가서는 우리나라가 달라질 수 있으니까요.

참정권을 얻어 내기까지

참정권은 국민이 직접 또는 간접적으로 정치에 참여할 수 있는 권리로, 자유민주주의를 이루는 중요한 권리예요. '정치적 자유권'이라고도 불리죠. 선거권 역시 참정권의 하나예요. 오늘날에는 대부분의 나라가 남녀 구분 없이 참정권을 인정하고 있어요. 하지만 과거에는 그렇지 않았어요. 사람들은 참정권을 제대로 얻기 위해 길고도 격렬한 투쟁을 해야 했습니다.

1872년 11월 5일 미국 대통령 선거 날. 뉴욕 로체스터의 한 투표소에 중년 여성이 나타났어요. 당시 미국 여성들은 투표권이 없었지만, 이 여성은 당당하게 한 표를 행사했어요. 그녀의 이름은 '수전 브로넬 앤서니'였는데요. 사회개혁운동가이자 전미여성참정권협회 회장이었던 그녀는 투표를 했다는 이유로 재판을 받게 됐어요. 앤서니는 여성도 투표할 권리가 있다고 주장했지만, 판사는 그 의견을 받아들이지 않았어요. 오히려 100달러의 벌금형을 선고했죠. 앤서니는 이에 굴하지 않고 여성 참정권 운동에 더욱 힘을 쏟았고, 1920년 마침내 미국 정부는 여성의 참정권을 인정하게 됐답니다. 다른 나라는 어떨까요?

영국은 청교도 혁명과 명예혁명 같은 시민혁명을 하고 나서야 사람들이 참정권을 얻었어요. 하지만 이때도 귀족과 부자들만 투표권이 있었죠. 전체 인구 중 약 2퍼센트의 남성들만 투표할 수 있었어요. 1867년이 되어서야 도시에 사는 소시민과 노동자들, 일부 농촌 노동자들도 투표를 했어요. 1918년에 4차 선거법을 개정하면서 21세 이상 남성과 30세 이상 여성들이 투표할 수 있게 됐어요. 그리고 10년이 더 지나서야 21세 이상의 모든 여성들이 남성과 동등하게 투표할 수 있었어요. 그동안 영국 여성들은 선거권을 얻으려고 목숨까지 걸고 시위를 했습니다.

프랑스도 마찬가지입니다. 1789년 프랑스 대혁명이 일어난 이후로 40여 년이 지난 1830년까지도 일부 사람들만 투표했어요. 투표권은 '직접세를 일정 액수 이상 내고 재산을 가진 30세 이상 남성'에게만 있었거든요. 당시 프랑스 전체 인구의 0.3퍼센트만 투표할 수 있었던 거죠. 프랑스에서 모든 사람들이 보통 선거를 치르게 된 건 1944년이 되어서입니다.

우리나라는 1948년 5월 10일에 제헌 국회를 만들 국회의원을 뽑기 위해 처음으로 보통 선거를 치렀어요. 대한민국 최초의 민주적 선거였죠.

여성, 가난한 노동자, 흑인이나 서구 제국주의와 제2차 세계 대전의 피해를 입은 아시아인 등이 선거권을 누리기까지는 수백 년이 걸렸습니다. 오늘날 많은 사람이 당연하게 여기는 선거권은 이렇게 기나긴 투쟁과 저항으로 얻어낸 산물입니다.

사람들은 왜 고난을 무릅쓰고 선거권을 얻으려 한 걸까요? 바로 선거권이 민주주의를 실현할 수 있는 방법이기 때문입니다. 선거는 대의민주주의의 가장 대표적인 정치 행위거든요. 선거권은 '모든 사람이 평등하게 나라를 다스린다.'라는 민주주의 정신을 실현하려면 꼭 필요한 권리입니다.

선거제도는 정말 완벽할까?

"투표는 총알보다 강하다."라는 링컨의 말처럼 선거와 투표는 세상을 바꾸는 힘이 있어요. 선거는 절차적 정당성을 부여하기 때문에 그 힘을 무시할 수 없습니다.

예를 들어 국민이 직접선거를 통해 선출한 사람과 지도자가 임명한 사람의 무게는 다릅니다. 임명을 받으면 아무래도 자신을 뽑아 준 임명권자의 눈치를 보기 쉽지만, 투표는 자신을 선택해 준 국민을 신경 쓰게 만들어요. 그런데 당선인이 자신에게 표를 준 사람만 신경 쓰다 보면, 자신을 지지하지 않은 사람들의 요구는 외면하거나 무시할 가능성이 있어요.

또한 선거를 통해 뽑았다고 해서, 무조건 그 결과가 옳다고만 생각하면 선거 만능주의로 빠질 우려가 있어요. 선거는 일종의 다수결로서 51%에 의한 독재, 즉 51%가 49%를 마음껏 지배하는 결과를 만들 수 있으므로 주의가 필요해요. 당선인은 자신을 지지하지 않은 유권자의 뜻도 최대한 반영하기 위해 노력해야 해요.

선거만으로는 참된 민주주의를 실현할 수 없어요. 선거로 뽑힌 대표자는 나랏일에 국민의 의견이 반영되도록 노력을 기울이고, 국민들은 대표자가 나랏일을 제대로 하는지 두 눈 부릅뜨고 감시해야 합니다. 만약 국민 누구에게나 자유로운 선택의 기회가 주어지지 않거나 선거에 나선 후보자 사이의 경쟁이 불공정하다면, 진정한 민주주의 국가라고 할 수 없어요. 따라서 자유롭고 공정한 선거가 이뤄지도록 노력해야겠죠.

선거에 열심히 참여하고, 정치인들에 대한 관심과 감시를 게을리하지 않아야 하는 것은 물론이지만, 그것보다 중요한 국민의 의무가 있습니다. 훌륭한 정치인을 뽑는 일도 중요하지만, 사람들이 잘 따라 주지 않으면 아무 소용이 없다는 점입니다. 자질이 없는 정치인들을 뽑지 않고, 정치인들이 잘못하면 항의도 하고, 제대로 정치를 하도록 요구해야 합니다. 그러나 반대로 우리가 뽑은 정치인들이 올바른 정치를 한다면 믿고 따르는 것도 중요하죠. 이것이 진짜 민주 시민이 가져야 할 자세입니다.

 # 다수대표제 선거제도는 대표를 뽑는 방식에 따라 다수대표제, 소수대표제, 비례대표제로 분류할 수 있어요. 다수대표제는 선거구에서 최다득표자 한 명만이 당선자가 되는 것으로, 과반수를 득표한 후보자가 당선되는 절대다수대표제와 한 표라도 더 많은 표를 얻은 후보자가 당선되는 단순다수대표제로 나눌 수 있습니다. 절대다수대표제를 채택한 경우, 여러 명의 후보 중 최다득표자가 나오더라도, 득표율이 50%를 넘지 못했다면 과반수가 나올 때까지 재투표를 실시하는 결선투표제를 실시해야 합니다. 1차 투표를 통해 가장 많은 투표 수를 받은 두 명의 후보자를 2차 투표로 올리는 방식이 가장 일반적입니다. 대표적으로 프랑스는 대통령 선거와 지방 선거 모두 결선투표제를 채택하고 있고, 대다수의 중남미와 동유럽 국가들은 대통령 선거가 이와 같이 운영됩니다. 영국, 미국, 우리나라의 선거제도는 단순다수대표제로 운영되고 있습니다.

 # 소수대표제 소수대표제는 다수대표제와 대응되는 개념으로, 하나의 선거구에서 2인 이상의 당선자를 뽑는 것을 말합니다. 다수대표제보다 유권자들의 다양한 의사가 잘 반영된다는 장점이 있지만 소수의 의견을 지나치게 존중하게 될 수도 있다는 단점도 존재합니다. 예컨대 소수대표제를 택하고 있는 선거구에서 가장 표를 많이 얻은 후보가 51%의 득표율을 얻었다고 합시다. 이에 반해 두 번째로 표를 많이 얻은 후보가 2%의 득표율을 기록해 최다득표자에 비해 턱없이 지지가 부족하더라도 당선이 가능하다는 것입니다.

비례대표제 비례대표제는 전체 유권자의 표를 기준으로 각 정당에 비례적으로 의석을 배분하는 제도예요. 즉, 어떤 정당이 많은 표를 얻으면, 그만큼 많은 의석을 얻을 수 있어요. 예를 들어, 100석의 의석이 있을 때, 어떤 정당이 30%의 표를 얻었다면 30석을 얻는 방식입니다. 하지만 복잡한 계산이 필요해 시간이 오래 걸리고, 결정 과정이 명확하지 않아 이해하기 어려운 점도 있습니다. 비례대표제는 국민 여론을 비례적으로 반영할 수 있고, 지역구 선거에서 약세인 소수 정당이 의회에 진출할 수 있는 기회가 마련된다는 측면에서 의의가 있습니다.

선거구 선거를 하려면 지역을 나누어 대표자를 뽑아야 하는데, 이를 선거구라고 해요. 보통 인구 수를 고려해 행정 단위에 따라 선거구를 정하는데, 선거구를 어떻게 정하느냐에 따라 선거의 공정성과 대표성이 달라져요. 선거구제의 대원칙은 '한 표의 가치를 얼마나 동등하게 유지하는가'예요. 예를 들어, 유권자가 100명이고 선출 후보자가 1명이라면 한 표의 가치는 1/100이지만, 유권자가 1000명인데 선출 후보자가 여전히 1명이라면 한 표의 가치는 1/1000로 줄어들어요. 따라서 선거구를 정할 때는 인구 수를 균형 있게 배분해 모든 유권자의 투표 가치가 평등하도록 조정하는 것이 중요해요. 선거구제는 한 선거구에서 몇 명을 선출하는지에 따라 소선거구제와 중·대선거구제로 나뉘어요. 소선거구제는 선거구를 작게 나누어 한 선거구에서 대표자 1명만 선출하는 방식이에요. 중·대선거구제는 한 선거구에서 2명 이상을 뽑는 방식이에요.

질문 안의 질문

선거에서 다수결의 원칙, 문제는 없을까?

　우리나라는 단순다수대표제로, 가장 많은 표를 얻은 후보가 당선되지만, 그 후보가 유권자 과반수의 지지를 얻지 못한 경우도 있습니다. 예를 들어, A, B, C 세 후보가 나와 각각 40%, 35%, 25%의 표를 받으면, A 후보가 당선됩니다. 하지만 A 후보는 전체의 60%에게는 지지를 받지 못한 것입니다. '다수의 의견'이 반영된 것 같지만 사실은 그렇지 않은 것이죠. 전체 인구의 40%가 지지하는 사람이 과연 모두를 대표할 수 있는 사람일까요? 그렇지 않겠죠.

　이처럼 단순다수대표제에서는 '상대적으로 많은 표를 얻는 것'만 중요하기 때문에 소수의 의견이나 특정 집단의 목소리가 무시될 수 있어요. 학급에서 원하는 운동 종목을 투표로 정하는 상황을 예로 들어봅시다. 축구가 45%, 야구가 30%, 농구가 25%의 지지를 얻어 축구가 선택됐다면, 야구와 농구를 좋아하는 소수의 의견은 무시되는 셈입니다.

이와 같은 단순다수대표제의 단점을 해결하기 위해 프랑스는 대통령 선거 때 가장 많은 표를 받은 두 명을 두고 또 다시 투표를 합니다. 이것을 결선투표제라고 하죠. 아일랜드나 호주에서는 유권자가 여러 명의 출마자 이름 옆에 본인이 지지하는 순서를 적습니다. 예를 들어 A라는 사람이 제일 좋다면 A 이름 옆에 1이라는 숫자를 쓰죠. 그다음 좋다고 생각하는 B라는 사람 이름 옆에는 2라는 숫자를 적는 겁니다. 그리고 최대한 많은 사람들이 지지하는 당선자를 찾고자 여러 번 개표합니다. 이것을 '단기 이양식' 투표 제도라고 합니다.

경제학자 애로우는 "모두를 만족시킬 수 있는 선거란 없다."라고 말했습니다. 영국의 수상이었던 윈스턴 처칠은 "지금보다 나은 민주주의 또는 새로운 정치 시스템을 계속 찾아야 한다."라고 했습니다. 처칠의 말처럼 국민의 의견을 더 잘 반영하고, 지금의 민주주의가 지닌 문제점을 극복할 새로운 정치 시스템을 계속 만들어야 합니다.

05

모든 유권자에게 투표권이
한 표씩 주어질 필요가 있을까?

선거 날이 다가왔다고 생각해 봅시다. 갑자기 다섯 살짜리 동생이 "나도 대통령 뽑을래!"라며 투표소에 가겠다고 하면 어떨까요? 혹은 80세인 할머니가 "나는 이제 투표 안할래!" 하고 투표를 포기한다고 하면 어떨까요? 과연 모든 사람에게 투표권이 똑같이 주어지는 것이 맞는지, 또 투표권 행사에 연령 제한은 왜 있는 건지에 대한 의문은 선거의 중요한 원칙들을 다시 생각하게 만듭니다.

왜 투표권을 행사하려면 일정한 나이가 되어야 하는 걸까요? 나이와 경험이 많을수록 더 현명하고 성숙한 선택을 할 수 있다는 믿음 때문일까요? 이런 의문들을 통해 우리가 너무도 당연하게 여기는 투표권과 선거의 원칙을 다시 한 번 생각해 보면 어떨까요?

선거의 4대 원칙, 보통·평등·직접·비밀 선거

정치에 참여할 수 있는 권리, 참정권을 얻기 위한 오랜 투쟁의 결과로 현대 사회는 선거와 관련해 네 가지 원칙을 확립하게 되었습니다. 바로 보통 선거, 평등 선거, 직접 선거, 비밀 선거의 원칙이에요. 우리나라도 이 원칙을 헌법으로 정해 놓고 있지요. 이러한 원칙이 지켜져야 공정한 선거가 된다고 보기 때문입니다. 네 가지 원칙은 어벤져스가 함께 지구를 지키듯이 선거제도를 수호하고 있고, 하나라도 지켜지지 않으면 올바른 선거라고 할 수 없습니다.

먼저 보통 선거 원칙부터 알아볼까요? 보통 선거는 사회적 신분, 교육, 재산, 인종, 신앙, 성별 등에 의한 자격요건의 제한 없이 일정한 연령에 달한 모든 국민에게 선거권을 주는 제도예요. 이 당연한 원칙을 확립하는 데 선진국에서도 수백 년의 시간이 필요했고, 수많은 사람의 희생이 뒤따랐으며 아직도 이 원칙을 지키지 못하는 나라들도 존재합니다. 우리나라에서는 18세 이상이면 누구나 선거에 참여할 수 있어요.

다음은 평등 선거입니다. 평등 선거는 나이, 학력, 재산, 직업 등과 상관없이 모든 유권자의 투표 가치가 같은 선거를 말해요. 옛날에는 부자나 특정 계층만 투표할 수 있거나 한 사람이 여러 표를 가지는 일이 있었지만 이제는 모든 시민이 평등하게 한 표를 가지고 투표에 참여할 수 있게 되었죠. 이런 평등 선거 원칙은 민주

152

주의의 중요한 기본 원칙 중 하나로, 시민들 모두가 나라의 중요한 결정에 동등하게 참여할 수 있도록 보장해 줍니다.

다음은 직접 선거인데요. 직접 선거는 선거권이 있는 사람이 직접 투표해야 하는 겁니다. 다른 사람에게 투표권을 넘길 수 없고, 다른 사람이 대신 투표할 수도 없어요. 자식이라도 부모 대신 투표할 수 없고, 부모도 절대로 자식 대신 투표할 수 없어요. 친구가 멀리 여행 가거나 일을 보러 갔다고 대신 투표를 해 줄 수도 없고요.

마지막으로 비밀 선거예요. 비밀 선거는 자신의 이름을 밝히지 않고 비밀로 투표하는 선거입니다. 친구와의 비밀을 다른 사람에게 말하지 않듯이 투표자가 누구에게 투표했는지 다른 사람이 알 수 없어야 합니다. 만약 이 비밀이 지켜지지 않으면 다른 사람의 눈치를 보며 투표할 수도 있기 때문이지요.

그런데 여기서 "모든 사람이 똑같이 똑똑하지 않고, 생각도 다 다른데, 왜 모두에게 똑같이 한 표씩 주는 걸까?"라고 의문이 들 수도 있을 거예요. 만약 투표권을 똑똑한 사람들에게만 준다면, 누가 '똑똑한 사람'을 정할까요? 그리고 모든 사람의 생각이 똑같지 않은데, 일부만 투표권을 가지면 다양한 의견이 반영되지 못해요. 결국, 모두가 투표권을 가지는 것이 불완전하더라도 가장 공정한 방법이에요. 다양한 의견이 평등하게 정치에 반영되어야, 민주주의가 제대로 작동할 수 있을 테니까요.

투표권 연령 제한은 옳을까?

투표는 우리가 살고 있는 사회의 중요한 결정에 참여하는 방법이에요. 그런데 많은 나라에서 투표를 할 수 있는 나이를 정해 두고 있어요. "왜 우리는 투표할 수 없을까?"라는 질문은 학생들에게 흔히 떠오르는 생각일 거예요.

처음부터 누구나 투표할 수 있었던 건 아니에요. 과거에는 투표권이 매우 제한적이었고, 일부 사람들만 투표를 할 수 있었죠. 초기 민주주의를 도입한 나라들은 오직 성인 남성들만 투표할 수 있었어요. 시간이 지나면서 여성과 다양한 인종, 그리고 청소년의 참여 기회도 논의되기 시작했죠. 투표권 연령 제한은 그 과정에서 생긴 중요한 기준 중 하나예요.

투표권 연령 제한을 두는 건 투표에 성숙한 판단 능력과 책임감이 필요하다고 여겨서예요. 투표는 한 나라, 한 지도자를 결정하는 중요한 행동이기 때문에, 충분한 지식과 판단력이 필요하다는 생각에서 일정한 나이가 되어야 투표를 할 수 있게 한 거죠. 사회는 청소년들이 더 많은 경험을 쌓고, 충분히 사회의 구조를 이해한 후 투표하는 것이 더 바람직하다고 보는 경향이 있어요.

투표권이 인정되는 연령은 나라마다 다른데요, 미국, 영국, 독일, 일본 등 대부분의 나라는 만 18세 이상에게 선거권을 주고 있어요. 우리나라도 2019년 공직선거법 개정을 통해 선거에 참여할 수 있는 연령을 18세 이상으로 확대했어요. 그러니까 18세인 고3 학생도 선거에 참여할 수 있게 된 것이죠. 선거 가능 연령이 좀 더 낮은 예도 있어요. 오스트리아와 브라질 같은 몇몇 나라는 16세부터 투표할 수 있도록 하고 있어요. 이러한 나라는 청소년의 참여를 중요하게 여기고, 16세도 사회를 이해할 수 있는 충분한 나이라고 생각해요. 반면에 바레인, 카메룬, 대만과 같은 나라는 20세, 싱가포르, 오만, 쿠웨이트 등의 나라에서는 21세가 되어야 선거권이 주어져요.

최근 많은 나라에서 투표 연령을 낮추자는 논의가 활발해지고 있어요. 디지털 시대에 청소년은 뉴스와 정보를 쉽게 접할 수 있어 더 빠르게 사회 문제를 이해할 수 있다는 이유가 그중 하나예요. 또, 사회 문제에 관심을 가지는 청소년들이 많아지고, 그들이 미래의 주역이 되는 만큼 청소년의 목소리가 반영되는 것이 중요하다는 주장도 있어요. 이런 주장들은 투표 연령 제한에 대한 시각이 변할 수 있음을 보여줘요.

투표 연령 제한은 청소년이 충분히 성숙한 판단을 할 수 있을 때 투표하길 바라는 마음에서 시작되었지만, 시대가 바뀌면서 그 기준도 달라지고 있어요. 청소년들의 정치적 관심이 높아지는 만큼, 더 다양한 참여 방법도 논의되고 있죠. 비록 투표권은 없더라도, 지금부터 사회와 정치에 관심을 가지고 적극적으로 의견을 내는 것이 중요해요. 여러분이 관심을 가지면 가질수록, 미래에는 더 많은 청소년이 투표에 참여할 수 있는 날이 올지도 몰라요.

아프거나 외국에 살면 어떻게 투표를 할까?

선거는 국가가 지정한 특정한 날에 치릅니다. 선거일에 아주 급한 일이 예정되어 있다든지, 오랫동안 병원에 입원해 있다든지, 군대에 가 있다면 어떻게 할까요? 만약 이런 사람들을 전부 빼고 선거를 치른다면 국민의 의견을 제대로 반영한다고 보기 어렵겠죠. 그것은 민주주의 국가의 선거 원칙에 어긋나는 일이니까요. 이렇게 사정이 생겨 선거일에 투표를 하지 못하더라도 미리 투표를 할 수 있도록 돕는 제도가 있습니다. 바로 선거일 이전에 투표할 수 있는 '사전투표' 제도입니다. 우리나라에서 사전투표 제도는 2013년 재·보궐 선거에서 처음 실시했어요.

사전투표 제도를 이용하면 유권자는 투표를 하기 위해 자신의 주소지에 위치한 투표소에 가지 않아도 투표를 할 수 있습니다. 사전투표를 하고 싶은 사람은 신분증만 있다면 자신의 주소지와 상관없이 전국에 설치되어 있는 사전투표소 어디서나 투표할 수 있어요. 사전 투표일은 선거일 전 5일부터 이틀간입니다.

그럼 선거일에 외국에 살고 있는 우리나라 국민들은 어떻게 투표를 할까요? 선거일 이전에 중앙선거관리위원회에 신고하거나 신청하면 외국에서도 투표할 수 있어요. 사전에 신고한 사람들은 정해진 투표 기간에 본인을 확인할 수 있는 신분증을 가지고 해외 공관이나 대체 시설에 설치된 기표소에서 투표할 수 있습니다.

 # 재선거, 보궐선거 재선거와 보궐선거는 선거로 뽑은 대통령과 국회의원, 지방자치단체의 단체장과 지방의회 의원 등의 자리가 비었을 때 이들을 다시 뽑기 위해 실시하는 선거입니다. 보궐선거는 선거법에 의해 당선된 국회의원이 그 역할을 수행하고 있던 중에 죽거나 사퇴해서, 또는 어떤 잘못을 저질러 직위를 잃은 경우 새로운 사람을 뽑는 겁니다. 이와 달리 '재선거'는 선거 자체에 문제가 있거나 당선자가 없을 때 다시 한 번 선거를 치르는 것이죠.

 # 선거관리위원회 선거관리위원회는 선거와 국민 투표를 공정하게 관리하고, 정당 및 정치 자금과 관련된 업무를 담당하는 독립된 국가 기관이에요. 국회에서 선출한 3인, 대통령이 임명한 3인, 대법원장이 지명한 3인으로 구성되며, 위원들은 중립성 유지를 위해 특정 정당에 가입하거나 정치 활동을 할 수 없어요. 또한 헌법과 법률로 임기와 신분이 보장되어 외부의 간섭 없이 공정하게 업무를 수행할 수 있어요. 선거관리위원회는 후보자 등록부터 선거 운동, 투표와 개표 과정까지 공정하게 관리하며, 유권자들이 적극적으로 선거에 참여할 수 있도록 다양한 홍보 활동도 해요. 또한 정당과 후보자가 선거법을 지키면서 실현 가능한 정책을 제시할 수 있도록 감독해요.

 # 평등선거와 보통선거의 차이 평등선거는 얼핏 보통선거와 비슷한 것 같지만 다릅니다. 보통선거는 선거권을 주는 자격을 제한하지 않는 원칙이고, 평등선거는 어떤 사람의 선거권이든 선거 결과에 기여하는 힘이 똑같아야 한다는 원칙입니다.

세계 이색 선거제도, 어떤 게 있을까?

앞에서 말한 선거의 4대 원칙을 기억하나요? 보통선거, 평등선거, 직접선거, 비밀선거 말입니다. 이 원칙을 생각하면서 전 세계의 독특한 선거제도에 대해 알아봅시다.

케냐는 국민의 3분의 1이 문맹이에요. 2005년 케냐의 독립 이후 새 법안에 대한 투표가 진행될 당시 투표용지에는 바나나와 오렌지 그림이 그려져 있었습니다. 글씨를 모르는 유권자가 많기 때문에 '찬성'은 바나나에, '반대'는 오렌지에 기표하도록 한 것이지요.

중미의 작은 나라 코스타리카에서는 3세부터 12세 사이의 어린이들도 투표할 수 있습니다. 아이들은 선거일에 어린이 박물관에서 성인 투표소와 똑같이 만들어진 투표소에서 투표합니다. 이 투표 결과는 실제 선거 결과에 반영되지 않지만, 개표방송을 통해 공개된다고 합니다.

이란은 비밀투표가 아닌 공개투표로 선거가 진행됩니다. 천막이나 가림막이 없는 공개 투표장에서 투표를 하기 때문에 서로 누구에게 투표하고 있는지를 얘기하기도 합니다. 특이한 점은 또 있는데요. 기표용구로 투표하는 우리나라 방식과 달리 이란은 후보자의 이름 등을 투표용지에 손글씨로 직접 써서 투표합니다.

인도는 세계에서 유권자 수가 가장 많은 나라입니다. 선거에 참여할 수 있는 사람이 9억 명이 넘다 보니, 한 번에 모든 지역에서 투표를 진행하기 어려워요. 그래서 선거를 한꺼번에 하지 않고, 여러 단계로 나누어 몇 주 동안 진행한다고 해요.

또한, 인도에는 출생 신고를 하지 않거나, 신분증을 발급받지 못한 사람이 많아서 신분증 없이도 투표할 수 있는 제도를 만들었습니다. '선거인 명부'에 미리 등록한 사람들은 신분증 없이도 투표할 수 있고, 대신 지문 확인이나 지역 선거 관리원의 인증 등으로 본인을 증명하면 됩니다. 이렇게 인도는 거대한 인구가 불편함 없이 선거에 참여할 수 있도록 다양한 방식을 도입한 나라입니다.

정치에 무관심한 사람의 진심은
무엇일까요?

정치는 우리 주변에 항상 있어요. 하지만 '정치'라는 말을 들으면 사람들은 가끔 피곤하고 어렵게 느끼기도 해요. 그래서 어떤 사람들은 정치에 관심이 없다고 하죠. 미국의 정치학자 해럴드 라스웰Harold Lasswell은 그런 사람들에게 "그렇다면 진짜 속마음은 무엇일까요?"라는 질문을 던집니다.

라스웰에 따르면 정치란 "누가 무엇을, 언제, 어떻게 가지는가."를 정하는 과정이에요. 학교에서 반장이 뽑히거나, 공공장소에서 새로운 규칙이 생기는 것도 모두 정치와 관련이 있다는 것이죠. 정치라는 게 꼭 복잡한 법률과 선거에만 있는 것이 아니에요. 우리가 사는 사회와 규칙, 그리고 사람들 사이의 관계에서 정치가 작용합니다.

라스웰은 정치에 무관심한 사람들의 진심이 무엇인지 알아보았어요. 사람들이 정치에 무관심한 이유는 다양해서 어떤 사람은 정치가

160

너무 어렵다고, 어떤 사람은 "정치에 관심을 가져도 나에게 달라지는 게 없다."라고 하며 정치에서 눈을 돌린다고 했어요. 또, 정치가 멀리 있는 일처럼 느껴져서 굳이 신경 쓸 필요가 없다고 생각하는 사람도 있다고 했죠. 하지만, 라스웰은 이렇게 정치에 무관심한 태도는 결국 자신에게 좋지 않은 결과로 돌아올 수 있다고 강조합니다.

라스웰은 정치에 무관심한 사람들이 종종 자신에게 중요한 결정들에서 멀어지게 된다고 말해요. 예를 들면, 우리가 먹는 음식, 학교에서 배우는 지식, 놀 수 있는 공원의 위치까지도 모두 정치적 결정에서 비롯된 것들이에요. 만약 사람들이 정치에 무관심하다면, 자신에게 불리한 결정이 내려질 수도 있고, 또 그런 결정에 대해 불만을 가질 기회도 줄어들 거예요. 따라서 라스웰은 정치에 무관심하다는 것은 곧 내 삶에 대해 무관심한 것과 같다고 주장했어요.

라스웰은 정치가 어렵고 멀리 있는 것이 아니라, 우리가 살아가는 모든 것에 연결된 일이라고 했어요. 지금 당장은 정치가 재미 없고 어렵게 느껴질 수도 있지만, 한 걸음씩 다가가 관심을 가지면 우리 삶과 밀접하다는 것을 알게 될 거라고 했죠. 작은 관심이 모여 큰 변화를 만

들어 낼 수 있다는 라스웰의 메시지를 기억하며, 우리도 정치에 조금
더 가까이 다가가 보면 어떨까요?

해럴드 라스웰(1902~1978)

라스웰은 정치학과 커뮤니케이션 이론을 연구한 미국의 정치학자
예요. 라스웰은 정치에서 권력의 흐름이 중요하다고 보았어요. 어
떤 사람이 더 많은 권력을 가지느냐에 따라 사회의 구조와 정책이
달라진다고 설명했죠. 또한 대중이 정치에 어떤 영향을 받는지도
연구했어요. 특히, 언론과 선전이 사람들의 생각을 바꾸는 데 중요
한 역할을 한다고 주장했어요.

그는 커뮤니케이션 연구의 기초를 닦은 학자로도 유명해요. 사람
들이 정보를 전달하는 방식과 그 효과를 연구하며, "누가, 어떤 메
시지를, 어떤 채널을 통해, 누구에게, 어떤 효과를 주는가."라는 모
형을 만들었어요. 라스웰의 연구는 오늘날에도 정치와 미디어를
이해하는 데 중요한 기준이 되고 있어요.

4장

국제정치가
나에게도
영향을 미칠까?

01

정의로운 전쟁은 존재할까?

'전쟁'이라는 단어를 들으면 어떤 장면이 떠오르나요? 아마도 영화 속 영웅들이 적과 맞서 싸우는 모습이나 역사의 중요한 전투들이 떠오를지도 모르겠어요. 혹은 뉴스를 통해 본 전쟁의 처참한 장면이나 피해를 입은 사람들의 모습이 생각날 수도 있겠죠. 전쟁은 언제나 많은 사람들에게 공포와 슬픔을 안겨 주지만, 때로는 누군가를 지키기 위해, 혹은 더 큰 불의를 막기 위해 필요하다고 주장되기도 해요. 이럴 때 사람들은 전쟁을 '정의롭다'라고 여길 수도 있어요. 역사 속에서도 '정의로운 전쟁'이라는 개념이 자주 등장하며, 이를 둘러싼 논쟁이 계속되어 왔어요. 그렇다면 우리는 전쟁이 정의로울 수 있는지 고민해 볼 필요가 있겠죠. 과연 전쟁에도 '정의'라는 단어를 붙일 수 있을까요?

정의로운 전쟁이란?

전쟁은 대체로 사람들에게 고통과 파괴를 가져오는 무서운 일입니다. 그래서 전쟁을 정의롭다고 이야기하는 것은 굉장히 어색하게 느껴지죠. 그런데도 때때로 "이 전쟁은 정의로운 전쟁이었어."라고 이야기하는 경우가 있어요. 그렇다면, '정의로운 전쟁'이란 대체 무엇일까요? 전쟁에도 정의라는 개념이 들어갈 수 있을까요? 이 질문에 답을 찾기 위해서는 먼저 전쟁과 정의가 무엇을 의미하는지 생각해 봐야 해요.

먼저 '정의正義, justice'라는 단어를 살펴볼까요? '정의'는 무엇이 옳고, 공평하며, 도덕적으로 바른지를 뜻하는 단어입니다. 많은 사람들이 '정의로운 일'이란 강한 자가 약자를 보호하거나, 누군가가 불공정한 일을 당할 때 그 상황을 바로잡는 것이라고 생각하죠. 그럼 전쟁이 이러한 정의를 위해 일어날 수 있을까요?

전쟁은 여러 이유로 발생하지만, 주로 자원을 차지하거나 영토를 넓히기 위해, 혹은 힘을 과시하려는 이유로 일어나는 경우가 많아요. 그렇기 때문에 대부분의 사람들은 전쟁을 정의롭지 않다고 생각해요. 하지만 때때로 사람들을 지키기 위해, 혹은 더 큰 불의나 부당함을 막기 위해 전쟁이 필요하다고 주장하는 사람들도 있어요. 예를 들어, 어떤 나라가 다른 나라를 침략하거나 무고한 사람들을 공격할 때, 그 피해를 막기 위해 전쟁을 벌일 수밖에 없는 상황이 생길 수 있겠죠. 이런 경우에는 전쟁이 정의로운 목적을 가지고 있다고 여겨지기도 해요.

정의로운 전쟁을 설명하는 몇 가지 조건도 있습니다. 이는 고대부터 여러 철학자들이 고민한 주제이기도 해요. 기독교 철학자 아우구스티누스는 전쟁이 정의로우려면 '올바른 목적'이 있어야 한다고 말했어요. 즉, 단순히 다른 나라를 정복하거나 약탈하기 위한 전쟁은 결코 정의로울 수 없다는 뜻이에요. 또한, 다른 방법으로는 문제를 해결할 수 없을 때, 최후의 수단으로서만 전쟁이 시작되어야 한다고 주장했죠. 이런 생각은 후에 많은 철학자와 지도자들이 받아들이게 되었고, 지금도 '정의로운 전쟁'에 대해 생각할 때 참고삼는 기준이 되었답니다.

하지만 생각해 볼 문제가 있습니다. 누군가에게는 자유와 권리를 지키기 위한 전쟁이 정의로운 것처럼 보일 수 있지만, 전쟁의 피해를 직접 경험하는 사람들은 그 전쟁을 결코 정의롭다고 느끼지 않을 가능성이 크다는 점이죠. 그래서 '정의로운 전쟁'은 쉽게 정의 내릴 수 없는 주제이기도 합니다.

역사 속 정의로운 전쟁

인류 역사에는 때로 '정의로운 전쟁'이라고 불린 전쟁이 있었습니다. 과연 전쟁이 정의로울 수 있을까요? 이를 이해하려면 먼저 사람들이 정의롭다고 여긴 전쟁 사례를 살펴볼 필요가 있어요.

2차 세계대전은 나치 독일이 주변 국가들을 침략하고 유럽 전역에서 엄청난 폭력을 행사하며 시작되었어요. 특히 유대인과 여러 소수 민족을 향한 끔찍한 학살이 자행되었고, 나치의 잔혹한 행위는 전 세계에 충격을 주었습니다. 이를 저지하기 위해 여러 나라가 힘을 합쳐 나치 독일과 싸웠고, 결국 승리했죠. 이 전쟁은 단순히 땅을 넓히거나 자원을 얻기 위한 전쟁이 아니었어요. 많은 사람들은 나치의 만행에 맞서 싸운 것을 '정의롭다'라고 평가합니다.

또 다른 예로는 미국 독립전쟁이 있어요. 18세기 당시 영국의 식민지였던 미국은 영국의 부당한 세금 부과와 억압에 시달리고 있었어요. 미국 사람들은 자신들이 낸 세금이 자신들에게 쓰이지 않고 영국 왕실과 영국 정부를 위해 사용된다는 것에 큰 불만을 가졌습니다. "대표 없는 곳에 세금도 없다."라는 구호 아래, 그들은 자신의 권리를 주장하며 독립을 선언했죠. 이 전쟁은 영국의 압제에서 벗어나 자유를 되찾기 위한 싸움으로 여겨졌고, 지금도 미국에서는 독립전쟁을 정의로운 전쟁으로 평가하고 있습니다.

한국 역사에서는 임진왜란을 들 수 있어요. 1592년에 일본이 조선을 침략하면서 시작된 임진왜란은 조선 사람들이 자신들의 땅과 국민을 지키기 위해 벌인 전쟁이었어요. 이때 백성들까지 나서서 나라를 지키려고 노력했죠. 특히 이순신 장군의 활약은 조선이 일본군에 맞서 싸울 수 있는 큰 힘이 되었고, 결국 조선은 침략에서 벗어날 수 있었어요. 그래서 임진왜란은 외세의 침략에 맞서 싸운 정의로운 전쟁으로 평가되곤 합니다.

정의로운 전쟁은 정말 가능한 걸까?

이처럼 역사 속에서 전쟁이 정의롭다고 여겨진 이유는 분명히 있어요. 더 큰 불의를 막기 위해, 사람들의 자유와 권리를 지키기 위해, 또는 외세의 침략을 저지하기 위해 싸운 전쟁들이죠. 하지만 정의로운 전쟁이라는 개념에는 항상 복잡한 문제가 따라옵니다. 전쟁 중에 발생하는 민간인의 희생, 전쟁이 끝난 후에도 남는 피해와 상처는 전쟁을 단순히 정의롭다고 부르기 어려운 이유가 되죠.

2차 세계대전에서 연합국은 나치 독일의 잔혹한 행위를 저지하기 위해 싸웠고, 많은 사람들은 이 전쟁을 정의로운 전쟁으로 봅니다. 하지만 목표가 정의로웠다고 해서 그 과정에서 일어난 모든 행동들이 정의롭다고 할 수 있을까요? 무고한 사람들이 전쟁으로 인해 목숨을 잃고 고통받는 것은 어쩔 수 없는 일일까요?

이 질문을 통해 우리는 단순히 목적이 정의롭다고 해서 전쟁 전체가 정의로워지는 것은 아니라는 것을 알 수 있습니다. 전쟁의 목적이 정의로워도 그 과정에서 발생하는 피해와 상처는 어떻게 설명할 수 있을까요? 정의로운 목적을 이루기 위해 전쟁이 유일한 방법이었는지 생각해 볼 필요도 있습니다.

전쟁은 싸우는 군인들뿐만 아니라 전혀 무관한 사람들, 즉 민간인들에게도 큰 피해를 남깁니다. 전쟁터에서 떨어진 지역에 사는 사람들도 폭격과 식량 부족, 그리고 각종 위험에 노출됩니다. 2차 세계대전 중 미국이 일본의 히로시마와 나가사키에 원자폭탄을 투하한 사건을 생각해 봅시다. 이 폭탄은 전쟁을 빨리 끝내기 위해 사용되었고, 전쟁을 끝낸다는 목적은 정의로웠을 수 있습니다. 그러나 그 폭탄으로 수많은 민간인들이 목숨을 잃었고, 이후에도 심각한 부작용을 겪었습니다. 그로 인해 많은 사람들은 전쟁의 정당성을 생각하기보다는 전쟁이 불러 올 피해를 우려하게 되었죠.

정의로운 전쟁이라는 말에는 '불가피한 전쟁'이라는 의미도 포함되어 있습니다. 이는 전쟁이 최후의 수단, 즉 다른 모든 방법으로 해결할 수 없을 때 선택되는 것이라는 뜻이에요. 그렇다면 한 가지 더 고민해야 할 점은 전쟁이 아닌 평화적인 방법으로 문제를 해결할 가능성이 있었는지입니다. 만약 전쟁 대신 협상이나 타협, 또는 다른 방법으로 갈등을 해결할 수 있었다면, 굳이 전쟁을 정의롭다고 부를 필요는 없을 것입니다. '정의로운 전쟁이 정말 가능한가'에 쉽게 대답할 수는 없지만, 중요한 점은 전쟁이 아닌 평화로운 방법으로 문제를 해결하는 것이 더욱 바람직하다는 것입니다. 전쟁의 피해를 줄이고, 모든 사람이 평화롭게 살 수 있는 세상을 만들기 위해 우리는 정의로운 전쟁이 아닌 정의로운 평화의 길을 찾는 노력을 해야 하지 않을까요?

반전운동 反戰運動, Anti-war movement 전쟁이나 전쟁에 참여하는 것에 반대하는 사회 운동을 말합니다. 특정 국가가 무력 충돌을 시작하거나 계속하기로 결정하는 것에 반대하는 운동이라고 할 수 있습니다. 반전 운동은 평화 행진, 시위, 시민불복종 운동 등을 통해 표현됩니다. 평화 운동과 함께 전쟁에 반대하는 운동으로 대표되며, 평화주의와도 뜻이 비슷합니다. 하지만 반전주의는 전쟁에 반대하는 사상이고, 평화주의는 폭력 자체에 반대하는 사상이라는 점에 차이가 있습니다.

제네바 협약 전쟁 중에 지켜야 할 규칙을 정한 국제적인 약속입니다. 다친 병사나 민간인처럼 전투에 참여하지 않는 사람들을 보호하자는 내용이 포함되어 있어요. 포로가 된 병사들도 굶기거나 학대하지 않고 인간답게 대우해야 한다고 정했죠. 1864년에 처음 만들어졌고, 이후 여러 차례 수정되면서 더 많은 나라가 참여했어요. 이 협약 덕분에 전쟁 중에도 최소한의 인간적 가치를 지키려는 노력이 이어지고 있습니다.

헤이그 협약 전쟁에서 사용할 수 있는 무기와 전투 방법에 관한 규칙을 정한 국제 협약입니다. 1899년과 1907년 두 차례에 걸쳐 회의가 열렸습니다. 주요 내용에는 전쟁 중 민간인들이 사는 마을이나 도시를 불필요하게 공격하지 말라는 규정이 있어요. 또한 독극물이나 가스 같은 비인도적인 무기는 사용하면 안 된다고 명시했죠. 헤이그 협약은 제네바 협약과 함께 전쟁 중 최소한의 규칙을 만드는 데 중요한 역할을 했어요.

'정의로운 전쟁' 없이 평화를 지킬 수 있는 방법이 있을까?

우리가 정의로운 전쟁의 개념을 이해하고, 그 필요성에 대해 고민하는 이유는 많은 경우 전쟁이 최후의 수단이라고 생각하기 때문입니다. 하지만 전쟁이 아니더라도 평화를 지킬 수 있는 여러 가지 방법이 있습니다. 실제로 오늘날 세계는 전쟁을 피하고 평화를 유지하기 위해 다양한 노력을 기울이고 있어요. 그렇다면 전쟁 없이 평화를 지키기 위해 행해지는 몇 가지 중요한 방법들을 살펴볼게요.

먼저 가장 중요한 방법은 외교와 대화입니다. 나라 사이에 갈등이 생겼을 때, 무력을 사용하지 않고 협상과 대화를 통해 문제를 해결하는 것이죠. 외교관과 정치인들은 서로 다른 입장을 이해하고, 가능한 합의점을 찾기 위해 끊임없이 소통합니다. 예를 들어, 두 나라가 영토 문제로 갈등을 겪고 있을 때 대화와 협상을 통해 문제를 해결하면 전쟁을 피할 수 있습니다. 외교는 모든 나라가 지켜야 할 기본 원칙을 존중하며, 평화를 유지하는 데 큰 도움을 줍니다. 유엔UN 같은 국제기구도 분쟁 상황에서 국가들 사이의 대화를 돕기 위해 가교 역할을 하고 있어요.

또 다른 평화 유지 방법은 경제적 협력입니다. 나라끼리 서로 경제적으로 깊이 연결되어 있으면 전쟁을 일으키는 것이 오히려 손해가 되기 때문에, 전쟁을 피하려는 경향이 있습니다. 경제적으로 서로 도움이 되는 관계를 맺으면, 서로 협력하고 도움을 주는 것이 더 이익이 됩니다. 유럽연합EU의 경우, 여러 나라가 경제적으로 협력하고 하나의 공동체로 활동하면서 전쟁을 피하고 평화를 유지해 왔습니다. 각 나라가 공동의 이익을 추구하기 때문에, 불필요한 갈등을 피하려고 노력하게 되는 것이죠.

국제법과 규칙은 평화를 유지하는 중요한 방법 중 하나입니다. 국제법은 나라 간의 약속과 규칙을 정해, 전쟁과 같은 폭력적인 수단을 사용하지 않고도 문제를 해결할 수 있도록 합니다. 국제법을 지키면 각기 이해관계가 다른 나라들도 서로 존중하며 평화

로운 관계를 유지할 수 있습니다. 유엔이 정한 국제사법재판소ICJ
는 국가 간의 분쟁 해결을 위해 설립된 기관입니다. 어떤 나라가
다른 나라와 갈등이 생겼을 때, 무력 대신 국제사법재판소에서
법적으로 문제를 해결하도록 돕습니다. 이렇게 법과 규칙을 통해
평화를 유지할 수 있습니다.

지금까지 살펴본 것처럼, 정의로운 전쟁 없이도 평화를 지킬 수
있는 방법은 여러 가지가 있습니다. 외교와 대화, 경제적 협력, 국
제법 등은 모두 전쟁 없이도 평화를 유지하는 데 중요한 역할을
합니다. 전쟁은 많은 고통과 파괴를 가져오지만, 평화적인 방법
은 사람들에게 안전과 행복을 제공합니다. 그래서 우리 모두는
평화의 중요성을 깨닫고, 이러한 방법들을 통해 갈등을 해결하려
는 노력이 필요합니다. 앞으로 여러분도 이러한 평화 유지 방법들
을 생각하며, 전쟁 없이 평화로운 세상을 만드는 데 기여할 수 있
기를 바랍니다.

02

우리는 핵무기를 가져선 안 되는 걸까?

지구에는 다양한 무기들이 존재하지만, 그중 가장 강력한 무기가 무엇인지 알고 있나요? 바로 핵무기예요.

여러 나라들은 오랜 시간 동안 핵무기에 대해 갈등하고 논쟁을 벌여 왔어요. 어떤 이들은 핵무기가 있어야 나라를 지킬 수 있다고 주장해요. 반면에 다른 이들은 핵무기 없이도 평화를 지킬 수 있다며 폐기를 주장하죠. 핵무기를 보유한 나라와 그렇지 않은 나라 사이의 힘의 차이는 때때로 불평등을 초래하기도 해요.

그렇다면, 우리나라가 핵무기를 갖는다면 어떤 변화가 있을까요? 힘이 강해질까요, 아니면 더 많은 위험에 처하게 될까요? 이제부터 핵 불평등, 핵무기를 바라보는 관점, 핵무기 폐기에 대한 찬반 논쟁까지, 여러분이 스스로 생각해 볼 수 있는 주제로 질문들을 던질 거예요. 이런 질문들에 답하면서 핵 문제와 국제 정치를 이해해 보는 시간을 가져 봅시다!

인류 역사상 불평등과 관련된 이슈는 늘 존재했습니다. 임금 불평등, 거주 불평등, 소득 불평등, 성 불평등처럼 여러 종류의 불평등이 있죠. 그렇다면 핵무기와 관련해서도 불평등이 존재할까요? 당연합니다! 누구나 인정할 만한 공정한 기준이 없는데 누구는 가져도 되고 누구는 안 된다면 그것만으로도 불평등한 거겠죠.

그렇다면, 여러 전쟁 무기 중 유독 핵에 관해서 더욱 이슈가 되는 이유부터 생각해 볼까요?

무기는 크게 재래식 무기와 대량 살상 무기로 나눌 수 있어요. 재래식 무기는 우리가 흔히 알고 있는 총, 전차, 전투기, 미사일 같은 무기들이에요. 보통 특정 지역이나 목표물에만 영향을 주기 때문에 군사 작전에서 한정된 범위에서 사용돼요. 전쟁 영화에 나오는 무기들은 대부분 재래식 무기죠. 대량 살상 무기는 이름처럼 한 번에 많은 사람과 넓은 지역에 큰 피해를 줄 수 있는 무기예요. 핵무기, 생화학 무기, 방사능 무기 같은 것이 포함되죠. 이런 무기들은 한 번 사용되면 엄청난 피해를 주기 때문에, 국제적으로 사용을 엄격히 제한하고 있어요. 그중 핵무기는 한 도시를 없앨 수도 있고 전 지구적인 피해를 입힐 수 있는 강력한 무기이기에 더욱 위험하지요.

다시 핵 불평등 이야기로 돌아와서, 이스라엘, 인도, 파키스탄이 핵무기를 보유하면서도 북한만큼 제재를 받지 않는 이유는 무엇일까요? 그것은 세계 핵무기 질서가 미국 위주로 짜여 있고, 북한은 그 어떤 나라와 비교가 안 될 만큼 미국과 사이가 나쁘기 때문입니다. 이렇게 보면 미국이 국제사회의 핵무기 보유를 결정하는 잣대처럼 여겨지지 않나요? 유엔이 있고 국제법이 있고 윤리와 도덕이 있지만 아직도 국제사회에서는 힘의 원리가 작용하고 있어요. 때문에 핵무기 보유에 따른 제재 여부는 결국 미국 중심의 사고를 벗어날 수 없습니다.

미국을 비롯해 핵무기를 보유한 국가들이 곧 강대국이라는 말은 틀린 말이 아닙니다. 핵확산금지조약NPT이 인정하는 핵보유국은 미국, 영국, 프랑스, 중국, 러시아 5개국으로, 이들 5개국은 모두 UN 안전보장이사회 상임이사국입니다. 최초로 핵무기를 사용했던 미국도 사용 후에는 그 위력에 크게 놀랐습니다. 그래서 핵무기를 다른 나라가 보유하면 자기들 안보에 위협이 될 수 있다는 생각에 혼자만 핵무기를 갖고 싶어 했죠. 하지만 그건 처음부터 불가능한 꿈이었습니다. 러시아는 1949년부터 핵실험을 실시한 뒤 핵탄두를 보유하기 시작했고, 이후 영국, 프랑스, 중국이 각각 핵실험을 거쳐 핵무기를 보유하게 되었습니다.

이들은 핵무기를 실전 배치한 뒤, 자신들 이외에 다른 나라가 핵무기를 보유하는 것을 철저히 막았어요. 핵무기가 늘어나면 세계 평화가 위협받는다는 명분을 내세웠지만, 그 이면에는 핵무기를 보유했을 때 생기는 국제사회에서의 권력을 다른 나라와 나눠 갖고 싶지 않다는 속내가 숨어 있던 것이죠.

세상과 핵무기를 바라보는 세 가지 관점

국제정치학에서는 국제관계를 시각 차이에 따라 크게 현실주의, 자유주의, 구조주의로 나누어 확인합니다. 세 관점이 세상을 어떻게 바라보고, 핵무기의 역할을 어떻게 생각하는지에 대해 알아봅시다.

현실주의자들은 세상을 경쟁과 힘의 싸움으로 봅니다. 그들은 나라들 사이에 경쟁과 갈등이 당연히 존재한다고 생각하죠. 현실주의 관점에서는 각 나라가 자신의 생존과 안전을 최우선으로 삼아야 한다고 믿어요. 그러다 보니 강한 힘을 가질수록 다른 나라가 함부로 위협할 수 없기 때문에, 핵무기를 보유하는 것이 나라를 지키는 중요한 수단이 된다고 생각합니다. 예컨대, 핵무기를 가진 나라들끼리는 전쟁을 벌이지 않는다는 주장도 있어요. 서로가 핵무기를 가지고 있다는 사실을 알고 있기 때문에, 공격을 시도하면 돌이킬 수 없는 피해를 입을 것이라는 점을 인지한다는 것이죠. 그래서 현실주의자들은 힘을 통해 평화를 유지하는 방법으로 핵무기가 필요하다고 주장합니다.

자유주의자들은 현실주의자들과 달리, 세상이 꼭 힘의 싸움으로

만 이루어져 있지는 않다고 생각해요. 이들은 대화와 협력이 평화를 유지하는 중요한 방법이라고 믿어요. 그래서 서로 신뢰하고 협력하면 평화롭게 지낼 수 있다고 생각하죠. 자유주의 관점에서 핵무기는 오히려 평화를 위협하는 존재예요. 핵무기가 많아질수록 갈등이 더 커질 가능성이 있고, 우발적인 사고로도 엄청난 피해를 입을 수 있기 때문입니다. 그래서 자유주의자들은 국제 협정을 통해 핵무기를 줄이거나 없애는 노력을 하는 게 중요하다고 주장하죠. 핵무기 확산을 막기 위한 NPT처럼 여러 나라들이 모여 함께 핵무기를 줄이는 협정을 맺는 것이 평화로운 세상을 만드는 길이라고 믿습니다. 이들은 대화와 협정이 핵무기 보유보다 훨씬 안전한 방법이라고 생각하죠.

구조주의는 조금 독특한 관점으로 핵 문제를 바라봐요. 구조주의자들은 세상이 주로 부유한 나라와 가난한 나라 사이의 불평등으로 구성되어 있다고 봅니다. 그들은 핵무기를 가진 나라들이 그렇지 않은 나라들보다 더 강한 권력과 영향력을 행사할 수 있는 현실을 지적해요. 핵무기를 가진 몇몇 나라들이 다른 나라들을 억누르거나 자신들에게 유리한 세계 질서를 만들고 있다고 생각하는 거죠. 구조주의자들에게 핵무기는 불평등을 심화시키는 도구입니다. 강대국들이 핵무기를 통해 약소국들에게 힘을 과시하거나 자신의 뜻을 관철하려 할 때, 약소국들은 더욱 힘을 잃게 된다는 것이죠. 그래서 구조주의자들은 핵무기를 없애는 것이 불평등한 세계 구조를 바꾸는 데 필요한 일이라고 생각해요. 이들은 핵무기를 없애고 나라마다 힘의 균형을 맞추어야만 진정한 평화를 이룰 수 있다고 주장합니다.

현실주의, 자유주의, 구조주의는 핵무기에 대한 서로 다른 시각을 보여줍니다. 현실주의는 힘을 통한 평화를 주장하고, 자유주의는 대화와 협력을 통한 평화를, 구조주의는 불평등의 해소를 통한 평화를 원해요. 여러분은 어떤 관점이 가장 설득력 있다고 생각하나요?

우리나라는 왜 핵무기를 개발하지 않을까?

최근 북한은 잇따라 미사일 실험을 하고 있습니다. 미사일은 핵미사일로 사용될 수 있어 세계 각국은 민감하게 반응하고 있습니다. 그렇다면 한국은 왜 같은 한반도 내에 있는 북한의 핵 위협에 맞서 핵무장을 하지 않는 것일까요?

현재 우리나라에는 주한미군이 주둔해 있는데, 과거에는 주한미군 기지에 다양한 형태의 핵무기가 배치되어 있었습니다. 그러다 북한의 핵무기 개발 구실을 없앤다는 명목으로 1991년 모두 미국으로 철수했는데요, 핵무장론을 주장하는 이들은 북한이 핵무기 개발에 성공했으니 우리도 핵무기를 재배치해야 한다고 주장합니다. 재배치뿐만 아니라 핵무기를 자체 개발해야 한다고까지 말하죠.

이들 대부분은 앞서 이야기한 현실주의적 관점으로 세상을 바라봅니다. 국제사회는 아무도 믿을 수 없는 약육강식의 세계, 정글 같은 곳이므로 핵무기를 보유해서 자국의 안보를 보장하는 것이 최우선 과제라는 것이죠. 이들의 주장은 조금 과격하게 들리지만 무조건 잘못된 건 아닙니다. 누구는 핵무기를 보유해도 되고 누구는 안 된다는 법은 없죠. 하지만 이들의 주장에 따라 우리나라가 핵무장을 하면, 먼저 북한에게 비핵화를 요구할 명분이 없어지고 한반도의 전쟁 위험이 높아진다는 문제가 있습니다.

예측 불허한 북한이 핵무기를 가졌으니 우리도 가져야 한다는 논리는 합리적이지 않습니다. 북한은 사회주의 체제의 모순 등으로 인해 발전은커녕 경제가 쇠퇴하고 있으며 외교적으로도 점차 고립되고 있습니다. 때문에 북한이 핵무기를 개발하는 것은 경제적, 외교적, 군사적 열세에 놓인 불리한 상황을 극복하기 위한 고육지책이기에 우리가 따를 방안은 아닙니다.

파괴력 중심으로 군사력 순위를 매기는 세계 군사력 평가 단체 GFP Global Firepower에 따르면 우리나라는 2024년 현재 세계에서 다섯 번째로 강력한 군사력을 보유했다고 합니다. 뿐만 아니라 2023년 스톡홀름 국제 평화 연구소 SIPRI에서 발표한 전 세계 국방비 순위에서도 11위를 기록했어요. 이처럼 우리나라는 외부의 도움 없이도 북한을 상대할 만큼의 군사력을 확보했습니다. 따라서 굳이 눈에는 눈, 이에는 이라는 논리로 핵무기를 보유해야 할 필요는 없습니다.

그런데 세계 정세가 바뀌는 과정에서 대한민국도 핵무기를 가져야 한다는 주장이 때때로 불거져 나옵니다. 물론, 핵 보유에 대한 논의는 매우 복잡하고 신중해야 합니다. 하지만 이러한 주장은 대한민국이 어떻게 하면 더 강력한 군사력을 지닌 나라가 되고 국민을 더 안전하게 보호할 수 있을지를 고민하는 과정에서 나오는 것이기도 합니다. 핵무기를 보유할지 여부는 단순히 힘을 과시하려는 목적이 아니라, 우리나라의 미래를 위한 한 가지 선택지로 생각해 볼 수 있습니다.

핵확산금지조약 Nuclear Non-Proliferation Treaty 핵확산금

지조약은 줄여서 NPT라고 부르는데요. 핵확산금지조약에는 전 세계 대부분 국가가 가입돼 있습니다. NPT는 서문과 11개의 조항으로 구성돼 있는데요, 내용은 크게 핵의 비확산, 핵무기 군비 축소, 핵 기술의 평화적 이용, 이렇게 세 가지로 요약할 수 있습니다. 이 조약은 핵무기를 갖고 있지 않은 나라가 새롭게 핵무기를 갖는 것을 금지하고, 이미 핵무기를 갖고 있는 나라는 다른 나라에 핵무기나 관련 기술을 제공하는 것을 금지하는 것을 주요 내용으로 담고 있습니다. 또 핵무기를 갖고 있지 않은 나라는 원자력을 평화적으로 사용하는지 여부를 확인받기 위해서 자국의 모든 핵 관련 시설과 물질에 대해서 국제원자력기구IAEA의 핵 사찰을 받게 했습니다.

GFP 군사력 평가 GFP에서 발표하는 군사력 평가

는 매년 세계 각국의 군사 능력을 종합적으로 분석해 발표하는 순위예요. 이 평가에서는 그 나라가 얼마나 강력한 군사력을 가지고 있는지를 수치로 나타내고, 국가별로 순위를 매겨 보여 줍니다. GFP 군사력 평가는 단순히 군인 수나 무기 수 같은 숫자만 보는 것이 아니라, 각 나라의 여러 조건을 종합적으로 고려해서 계산해요. 예를 들어, 전차, 전투기, 군함 같은 군사 장비 수와 종류, 병력의 규모, 국방 예산뿐만 아니라 지리적 위치, 자원 보유량, 경제력 등도 평가 기준에 포함됩니다. 이는 여러 국가의 군사적 능력을 한눈에 비교해 볼 수 있는 자료라서, 세계의 군사적 상황을 이해하는 데도 도움을 줍니다.

북한은 왜 핵무기에
목을 매는 걸까?

북한이 핵무기를 개발하고 유지하려고 하는 이유는 안보, 자존심, 그리고 협상력이라는 세 가지 키워드로 설명할 수 있어요. 이를 이해하기 위해선 북한이 처한 상황과 전략적 이유들을 살펴볼 필요가 있습니다.

북한은 오랫동안 외부에서 고립된 상태로 지내 왔고, 스스로를 늘 위험에 처한 나라로 여겨요. 특히 한국과 미국 같은 강한 군사력을 가진 나라들과 가까이 있어서, 군사적 위협을 느끼고 있죠. 북한은 '우리가 만약 핵무기를 갖고 있다면 다른 나라들이 우리를 쉽게 공격하지 못할 거야.'라고 생각해요. 핵무기가 곧 나라를 지키는 최후의 방패라고 여기는 거죠.

핵무기를 보유한 미국이나 중국 같은 강대국들을 누구도 함부로 건드리지 못하는 걸 보고 자신들도 핵무기를 가지면 스스로를 지킬 수 있다고 믿고 있는 겁니다.

또한, 북한은 외부로부터 강대국으로 인정받고 싶어 해요. 핵무기를 통해 "우리는 만만한 나라가 아니야."라는 메시지를 세계에 보냄으로써 외부적으로는 작고 약한 나라가 아니라는 자존심을 지키며 안전을 확보하고, 내부적으로는 강대국이라는 자부심을 통해 체제를 더 안정적으로 유지하려는 것이죠.

핵무기는 북한이 국제사회에서 협상력을 높이기 위한 수단으로도 사용되고 있어요. 북한은 국제사회와의 협상에서 핵무기를 일종의 '교환 카드'로 쓰고자 해요. 북한이 핵 개발을 잠시 중단하거나 포기하겠다고 하면서 경제 지원이나 제재 완화를 요구하는 거죠. 핵무기를 보유한 상태에서 협상에 나서면 다른 나라들이 자신들의 요구를 더 진지하게 들어주고, 원하는 것을 얻어 낼 가능성이 높아진다고 믿는 거예요. 실제로 북한은 여러 차례 협상에서 핵무기를 통해 얻은 협상력을 활용해 왔습니다. 즉, 북한은 핵무기를 통해 대화를 주도할 수 있는 기회를 얻으려고 하는 거죠.

03

선진국이 개발도상국을 경제적으로 원조해 주는 이유는 뭘까?

　우리가 사는 세상에는 여러 나라가 있지만, 그들 모두 경제적으로 풍요롭거나 자원이 풍부한 것은 아니에요. 어떤 나라는 높은 기술력과 자본을 자랑하며 여유롭게 살아가지만, 또 어떤 나라는 기본적인 생활조차 어렵고, 발전을 위한 도움을 필요로 합니다. 그렇다면, 경제적으로 안정된 나라들은 왜 그렇지 못한 나라들을 돕는 걸까요?

　이제부터 선진국들이 왜 개발도상국에 경제적으로 원조를 하는지 그 이유를 생각해 보고, 그 과정에서 국제기구들은 어떤 역할을 하는지를 알아보려고 합니다. 경제적 원조가 그저 '도와주는 일'이 아닌, 서로 다른 나라들이 협력하여 세계적 문제를 해결하는 큰 움직임임을 함께 살펴보도록 해요.

우리가 사는 지구에는 수많은 나라들이 있어요. 나라마다 개발의 정도는 각기 다르답니다. '개발도상국'은 가난하고 어려운 생활 조건을 가진 나라들을 가리키는 말이에요. 이 나라들은 다른 나라들보다 더 많은 어려움을 겪고 있어요. 음식과 깨끗한 물을 얻기 어려운 곳도 있고, 아이들이 학교에 다니지 못하는 곳도 있지요.

가난한 나라의 문제는 그 나라만의 문제가 아니라, 전 세계의 다른 여러 나라들의 사정과 연결되어 있어요. 예를 들어, 어떤 나라에 의사와 병원이 부족해 전염병이 퍼지면 다른 나라에도 퍼질 수 있어요. 가족 중 한 명이 어려움에 처하면 다른 가족 구성원이 도와주듯이, 세계도 한 가족처럼 한 나라가 어려움에 처하면 다른 나라들이 함께 도와줍니다. 돈을 지원하기도 하고, 학교나 병원을 지어주기도 하죠. 이처럼 개발도상국의 빈곤 문제를 해결하기 위해 함께 노력하는 모든 행동을 '국제개발협력'이라고 합니다.

공적개발원조ODA는 국제개발협력의 한 부분으로, 개발도상국의 경제 및 사회 발전을 위해 공여국 정부가 자금을 지원하는 것을 의미합니다. 여기서 '공여국'이란 우리나라처럼 도움을 주는 나라를 말해요. ODA에는 여러 종류가 있는데, 크게 양자간 협력과 다자간 협력으로 나뉘어요.

공여국이 개발도상국을 직접 도와주는 걸 양자간 협력이라고 부르고, 공여국이 국제기구를 통해서 개발도상국을 도와주는 걸 다자간 협력이라고 합니다. 예컨대, 한국이 베트남에 학교를 지어 주거나 병원을 세워주는 게 양자간 협력이에요. 반면, 한국이 유엔에 기금을 보내면, 유엔이 아프리카에 식량을 보내는 일이 다자간 협력이에요. 양자간 협력은 또 '무상원조'와 '유상원조'로 나뉘어요. 공짜로 도와주는 걸 '무상원조', 좋은 조건으로 돈을 빌려주는 것을 '유상원조'라고 합니다.

개발도상국에 대한 경제적 원조를 위해 국제기구가 하는 일

어려움에 처한 사람들을 돕기 위해선 징검다리 역할을 하는 사람들이 필요합니다. 국제기구는 바로 그런 역할을 합니다. 경제적으로 풍요로운 나라들이 개발도상국을 돕고 싶어도, 직접 가서 어떻게 지원해야 할지 잘 모를 수 있어요. 여기서 국제기구들이 두 나라의 징검다리 역할을 하는 겁니다.

대표적인 국제기구, 유엔UN, 국제연합 산하의 여러 기구들 중 유엔개발계획UNDP은 개발도상국이 자립할 수 있도록 경제적 자원을 지원하고, 교육 프로그램을 운영하며 기술적인 도움을 주기도 합니다. 예를 들어 어떤 나라에 농업 기술이 부족하다면 UNDP가 새로운 농업 기술을 전수해 주어 그 나라가 스스로 식량을 생산할 수 있게 돕지요.

또 다른 중요한 국제기구는 세계은행WB이에요. 세계은행은 개발 도상국들이 도로를 만들거나, 학교를 세우거나, 전기 시설을 개선할 수 있도록 대규모 자금을 빌려주는 역할을 해요. 이 기구는 단순히 돈을 빌려주는 것뿐 아니라, 자금을 어떻게 효율적으로 사용할 수 있을지 전문가들의 조언도 제공합니다. 이를 통해 개발도상국들은 더 빠르게 성장할 수 있는 기반을 마련할 수 있죠.

국제통화기금IMF도 국제 경제 협력을 위한 중요한 기구입니다. IMF는 경제 위기에 처한 나라에 필요한 자금을 지원하여 금융 시장의 안정을 유지하고, 그 나라가 다시 일어설 수 있도록 돕습니다. 어떤 나라가 심각한 경제 위기에 빠져 물가가 폭등하고 국민들이 고통받는다면, IMF는 그 나라에 자금을 빌려주고 경제를 안정시키는 조언과 지원을 아끼지 않아요.

국제기구들은 단순히 돈을 주고 끝내는 것이 아니라, 개발도상국이 자립할 수 있는 방법을 알려 주고, 더 나은 미래를 만들 수 있도록 긴밀히 협력합니다. 경제적으로 어려운 나라가 성장하면, 국제사회 전체가 더 안정적으로 발전할 수 있으니까요.

결국, 국제기구들은 '세계를 하나로 이어 주는 다리' 역할을 하며, 나라와 나라를 연결하고 서로 돕는 길을 만들어 갑니다. 이러한 다리가 더욱 튼튼해진다면, 우리 모두가 더 나은 세상에서 살아갈 수 있을 것입니다.

선진국이 개발도상국에게 경제적 도움을 주는 이유는 다양합니다. 어떤 나라는 인도적 차원에서, 또 다른 나라는 전략적 이익을 고려해 원조를 합니다.

우선, 많은 선진국은 전 세계가 더 평화로워지고 빈곤에서 벗어나길 바랍니다. 이게 인도적 차원인데요, 기본적인 생활조차 어려운 개발도상국을 돕는 것이 상대적으로 부유한 나라가 지닌 윤리적 책임이라 믿는 거죠. 또한, 경제적으로 어려운 국가가 많으면 분쟁이나 내전이 발생할 가능성도 높아지기 때문에, 평화로운 국제사회를 만들기 위해서는 개발도상국의 안정이 필요합니다.

선진국들이 개발도상국을 원조할 땐 미래의 경제적 이익도 고려합니다. 개발도상국이 경제적으로 성장하게 되면, 자연스럽게 새로운 시장이 형성되는데, 이는 선진국의 제품을 팔 수 있는 기회가 늘어난다는 의미죠. 예를 들어 개발도상국에 도로와 전기가 잘 깔린다면, 선진국의 자동차나 전자제품이 더 많이 팔릴 수 있는 것처럼 말입니다. 따라서 개발도상국을 돕는 것은 미래를 위한 경제적 투자라고도 볼 수 있어요.

선진국들은 또한 기후변화나 질병 같은 세계적 문제를 해결하기 위해 개발도상국과 협력해야 한다고 생각해요. 예를 들어, 환경 보호에 필요한 기술이나 자금이 부족한 개발도상국에 선진국이 앞장서서 지원하자는 거죠. 이를 통해 개발도상국이 성장하는 동시에 지구를 더 잘 보호할 수 있는 방법을 마련하는 것입니다.

우리나라도 인도주의적, 전략적 이유 등으로 경제적 원조를 제공하고 있지만, 우리에게는 특별한 이유가 하나 더 있어요. 그건 바로 우리나라가 국제사회의 '도움을 받는 나라'에서 '도움을 주는 나라'로 성장했기 때문이에요.

한국전쟁 이후 아주 가난했던 우리나라는 국제사회의 도움을 받아 빠르게 경제 성장을 이뤘습니다. 빠른 경제 성장 덕분에 2010년에는 잘사는 나라들의 모임인 OECD DAC(경제협력개발기구 개발원조위원회)에도 가입했어요. 우리가 어려울 때 도와준 나라들이 지금 도움을 필요로 하는 상황에 놓였다면 이제는 우리도 그 빚을 갚아야 할 것이고, 또 경제적 어려움에 처한 나라가 있다면 우리가 과거에 도움을 받은 것처럼 그들 나라도 발전할 수 있도록 도울 의무가 있다는 점을 기억해야 해요.

결국, 경제적 원조는 선진국이 개발도상국을 돕는 행위이기도 하지만, 서로가 함께 더 나은 세상을 만들어 가는 방법이기도 합니다. 선진국의 작은 도움 하나하나가 모여 개발도상국의 발전을 돕고, 나아가 더 안정적이고 평화로운 세계를 만드는 데 큰 역할을 하고 있답니다.

공적개발원조 ODA, Official development assistance 정부를
비롯한 공공기관이 개발도상국의 경제 발전과 사회복지
증진을 목표로 제공하는 원조를 의미합니다. 이 정의에는
개발도상국 정부 및 지역, 또는 국제기구에 제공되는 자금
이나 기술협력이 모두 포함됩니다.

경제협력개발기구 OECD, Organisation for Economic
Cooperation and Development 말 그대로 세계 경제의 협력을 위
해 1961년 출범한 국제기구입니다. 우리나라도 OECD에
가입하여 선진국 반열에 들어섰다는 평가를 받고 있고요,
현재 일본, 네덜란드, 뉴질랜드, 독일 등 38개국이 가입되
어 있습니다. 이 기구는 회원국의 경제 성장과 안정, 개발
도상국의 경제 성장 등을 위해 노력하는 조직입니다. 유엔
같은 국제기구와 밀접한 관계를 맺고 세계 경제 문제 해
결을 위한 다양한 정책을 논의합니다.

브릭스 BRICS 경제적으로 빠르게 성장하고 있는 국가
들의 연합체를 지칭하는 용어로, 브라질 Brazil, 러시아 Russia,
인도 India, 중국 China, 그리고 남아프리카 공화국 South Africa의
첫 글자를 따서 만들어졌습니다. 2001년 골드만삭스의 경
제학자 짐 오닐 Jim O'Neill이 브라질, 러시아, 인도, 중국의 경
제적 잠재력을 강조하기 위해 'BRIC'이라는 용어를 처음
사용했고, 이후 2010년에 남아프리카 공화국이 추가되어
BRICS로 확장되었습니다. 2024년 1월 1일에 이집트, 에
티오피아, 이란, 아랍에미리트 4개국이 브릭스에 새로 합
류했고, 2025년 1월 6일에는 인도네시아가 브릭스에 합
류했습니다.

선진국과 개발도상국은
어떻게 구분할까?

우리가 일상에서 흔히 듣고 쓰는 선진국과 개발도상국이라는 용어는 보통 잘사는 나라와 못사는 나라라는 의미로 이해되기 쉽습니다. 선진국은 소득이 높고 삶의 물질적 조건이 좋은 나라들, 반대로 개발도상국들은 소득이 낮고 물질적 조건이 열악한 나라들이라는 개념이죠. 보통 개발도상국이라고 하면 어떤 느낌인지는 대략 알지만 구분은 애매모호한 경우가 많습니다. 도대체 개발도상국의 기준은 무엇일까요?

개발도상국은 선진국에서 채택되고 있는 기술, 지식 및 제도가 아직 충분히 보급되지 않아서 산업의 근대화와 경제 개발이 상대적으로 더딘 나라입니다. 전 유엔 사무총장이었던 코피 아난은 선진국을 '모든 국민에게 자유를 부여하고, 안전한 환경에서 건강한 생활을 허용하는 국가'로, 개발도상국을 '이러한 기준에 부합되지 않는 국가'로 정의한 바 있는데요, 선진국이라는 말은 단순히 소득의 높낮이만이 아니라 그 나라의 제도와 문화, 사회 복지 수준을 종합적으로 고려해서 사용됩니다. 소득이 높은 일부 산유국들에 대해 사람들이 선진국이라는 말을 사용하지 않는 이유죠. 선진국과 개발도상국은 확실한 기준을 가지고 구분할 수는 없지만, 일반적으로 세계은행이 분류한 고소득 국가, OECD 가입국 등을 선진국의 기준으로 본다면 개발도상국은 이에 해당하지 않는 나머지 국가들을 의미한다고 볼 수 있습니다.

하지만 이렇게 분류한다면, 몇몇 선진국들을 제외한 대부분의 국가들이 개발도상국에 포함될 것이고, 개발도상국에 따라서 소득, 발전의 정도 또한 천차만별일 겁니다. 그래서 기존의 개발도상국의 의미와 함께 일정 기준에 따라 신흥공업국, 그리고 최저개발국으로 나누기도 합니다.

먼저, 신흥공업국은 개도국 중 공업화를 바탕으로 급속한 경제개발을 이룩한 나라를 뜻하는 말로, 1979년 OECD의 보고서에서 아시아의 네 마리의 용The Four Asian Dragons이라 불렸던 한국, 대만, 홍콩, 싱가포르를 가리키는 용어로 처음 사용됐습니다. 현재 이 네 곳은 대부분의 지표에서 선진국 반열에 올랐고, 이들을 대신하는 새로운 신흥공업국으로는 BRICS(브릭스)가 대표적입니다.

다음으로는 최저개발국(줄여서 최빈국)이 있는데요. 개발도상국 중에서도 1인당 GNI(국민총소득)가 일정 수준(2021년 기준 1025달러) 이하인 나라들을 말합니다. 유엔이 2021년 최빈국으로 분류한 10개국은 부룬디, 소말리아, 모잠비크, 마다가스카르, 시에라리온, 아프가니스탄, 중앙아프리카공화국, 에리트레아, 라이베리아, 니제르입니다. 10개국 모두 아프리카에 몰려 있다는 사실을 알 수 있죠. 이 나라들은 소득뿐 아니라 교육 수준, 문맹률, 평균 수명, 칼로리 섭취량 등에서도 일정 기준에 미치지 못하고 있습니다. 놀라운 점은 1971년 유엔이 처음 지정한 최빈국 목록에 있는 대부분의 나라들이 현재까지도 여전히 최빈국으로 분류되고 있다는 점입니다.

한 나라가 선진국이냐 개발도상국이냐 하는 분류는 원조, 차관, 관세, 장학금 등 그 나라 국민들의 삶에 영향을 주는 현실적인 문제들에 직접 관련됩니다.

04

기후변화는 왜 정치와 밀접하게 연결될까?

'내가 살고 있는 도시가 사라진다면 어떨까?' 여러분은 이런 상상을 해 본 적 있나요? 뉴욕, 베니스, 도쿄, 방콕 같은 도시들이 물에 잠기고, 사람들이 더 이상 그곳에서 살 수 없게 되는 모습을요. 이런 일이 정말 가능할까요? 안타깝게도 기후변화로 인한 도시의 위기는 더 이상 영화 속 이야기가 아닙니다. 실제로 지구 곳곳에서 벌어지고 있는 일입니다.

그렇다면 기후변화는 단순히 과학자들만 해결할 수 있는 문제일까요? 아니면 우리 모두가 함께 풀어야 할 과제일까요? 기후변화는 국경을 넘는 문제이고, 한 나라의 노력만으로는 막을 수 없는 거대한 도전입니다. 기후변화 문제를 해결하는 데 정치가 중요한 이유죠.

여기서는 기후변화가 무엇인지, 각국의 정치와 어떻게 연결되어 있는지, 그리고 전 세계가 이 문제를 어떻게 해결해야 하는지에 대해 함께 알아보려 합니다.

"인류 멸망을 원치 않는다면, 200년 안에 지구를 떠나라." 천재 물리학자 스티븐 호킹 박사가 몇 해 전 세상을 떠나기 전에 남긴 말입니다. 당시 영국 외신들은 그의 사망 소식을 보도하면서 그가 평소에도 빠르면 수십 년 후 인류에게 닥칠 위협을 강조했다고 전했어요. 기후변화는 호킹이 인류 종말을 언급할 때마다 꼽은 대표적인 종말 원인입니다.

기후변화는 우리가 흔히 뉴스에서 듣는 이야기지만, 과연 그것이 무엇인지 제대로 이해하고 있는 사람은 많지 않을지도 몰라요. 기후변화는 말 그대로 지구의 기후가 점점 변화하는 것을 의미해요. 주로 평균 기온이 상승하고, 날씨가 극단적으로 변하는 현상을 포함하죠. 이런 변화는 단순히 '더운 여름'이나 '눈이 잘 내리지 않는 겨울' 같은 일시적인 문제가 아니라, 지구 전체의 생태계와 인류의 삶에 큰 영향을 미치는 심각한 문제입니다.

지구는 태양 에너지를 받아 다양한 생명체가 살아갈 수 있는 적당한 온도를 유지하고 있어요. 이 과정에서 중요한 역할을 하는 것이 바로 대기 중의 온실가스입니다. 그런데 인간이 석탄, 석유, 천연가스 같은 화석연료를 과도하게 사용하면서 이산화탄소 같은 온실가스의 양이 급격히 증가했어요. 그 결과, 지구의 온도가 너무 많이 올라가고 있습니다. 이를 지구온난화라고 하고, 이것이 기후변화의 주요 원인 중 하나입니다.

기후변화는 이미 전 세계 곳곳에서 다양한 형태로 나타나고 있어요. 한 지역에서는 폭염이 계속되고, 다른 지역에서는 홍수와 폭우로 고통받고 있어요. 2021년 유럽에서는 폭우로 인한 대홍수가 발생했고, 같은 해 캐나다에서는 49.6°C의 사상 최고 기온을 기록했어요. 어떤 지역에서는 가뭄과 홍수로 농작물이 제대로 자라지 못해 식량 부족 문제도 발생하고 있어요. 이는 특히 기후변화에 취약한 나라들에서 큰 위협이 되고 있답니다.

기후변화는 왜 정치와 연결될까?

여러분은 혹시 집에서 전기를 절약하거나 플라스틱을 덜 쓰는 노력만으로 기후 위기를 해결할 수 있다고 생각해 본 적 있나요? 물론, 이런 작은 노력들도 중요하지만, 기후 위기를 해결하려면 세계 각국과 정치 지도자들의 결단이 꼭 필요해요. 왜냐하면, 전 세계적으로 온실가스를 줄이고 에너지를 효율적으로 사용하려면, 법과 정책이 뒷받침돼야 하거든요.

기후변화는 단순히 환경에만 국한된 문제가 아니라, 정치와 경제, 그리고 우리의 삶 전반에 영향을 미치는 복잡한 문제입니다. 우리가 매일 듣는 "지구온난화를 막자."라는 외침 뒤에는 정치적 갈등, 이해관계, 그리고 국제적인 협력이 얽혀 있답니다. 예를 들어,

온실가스를 줄이기 위해 화석연료 사용을 제한하려면, 정부의 강력한 규제가 필요하겠죠. 그런데 이런 규제가 모든 사람에게 환영받지는 않아요. 석유나 석탄 같은 화석연료는 여전히 많은 나라의 경제에 큰 역할을 해요. 화석연료를 통해 에너지를 값싸게 생산하고, 이를 통해 기업들이 돈을 벌죠. 만약 정부가 화석연료 사용을 제한하면, 일부 기업들은 큰 손해를 보게 되겠죠. 그래서 이런 기업들은 로비를 통해 정부가 규제를 완화하도록 압력을 넣기도 해요.

아마존 열대우림은 지구에서 가장 큰 탄소 흡수원 중 하나예요. 하지만 브라질 정부는 열대우림을 보호하기보다는 개발을 우선시하고 있어요. "열대우림을 보호하면 브라질 국민들의 경제성장이 희생된다."라는 주장이죠. 이런 상황에서 국제사회가 브라질을 압박하며 보존을 요구하고 있지만, 이는 또 다른 정치적 갈등을 낳고 있어요.

기후 위기 해결을 위해 각 나라들이 맺은 대표적인 약속이 파리 협정이에요. 2015년, 전 세계에서 190개가 넘는 나라들이 프랑스 파리에 모여 "지구 온도를 1.5°C 이상 올리지 않기 위해 노력하자."라고 약속했어요. 이 협정은 나라들마다 온실가스 배출량을 줄이겠다고 다짐하게 만들었죠. 하지만 2017년, 미국은 "경제에 부담이 된다."라는 이유로 협정에서 탈퇴했어요. 국제사회는 큰 충격을 받았죠. 다행히 2021년 조 바이든 대통령이 파리 협약에 다시 가입하면서 복귀했지만, 2025년에 도널드 트럼프 대통령이 또다시 탈퇴 서명을 했습니다. 이렇게 큰 나라가 기후와 관련한 정치적 결정을 내릴 때는 더욱 신중해야 할 것입니다.

이처럼 기후변화는 단순히 날씨의 변화나 환경 파괴의 문제로 끝나지 않아요. 이 문제는 경제, 사회, 그리고 특히 정치와 깊게 연결되어 있답니다.

세계는 기후변화를 막을 수 있을까?

지구의 기후는 빠르게 변하고 있습니다. 지구의 기온이 높아지는 지구온난화가 급속도로 진행되며 세계 곳곳의 빙하는 녹고, 해수면은 높아지고 있습니다. 이 속도라면 21세기 말 지구의 평균 기온이 3.7°C 높아질 것이라는 전망도 나오는 상황이에요. 지구의 기온이 1°C만 올라도 폭염과 폭우, 가뭄이 발생하고 인류를 비롯한 지구상의 모든 생물이 심각한 위기에 직면할 수 있습니다.

이에 따라 세계 각국에서 기후변화를 막기 위한 대응 방안이 속속 제시되고 있습니다. 공통점은 탄소중립, 즉 탄소제로입니다. 탄소중립이란 이산화탄소를 배출하는 만큼 이산화탄소를 흡수하는 대책을 세워 이산화탄소의 실질적인 배출량을 '0'으로 만드는 것입니다. 이산화탄소가 지구온난화를 일으키는 대표적 온실가스이기 때문이죠. 유럽연합은 자동차 회사들에게 더 환경 친화적인 전기차를 만들도록 강제하는 정책을 만들었고, 한국도 탄소 배출을 줄이기 위해 여러 계획을 세우고 있어요.

기후 위기는 모두에게 영향을 주지만, 특히 가난한 나라들이 더 큰 피해를 보고 있어요. 예를 들어, 태평양의 작은 섬나라들은 해수면이 상승하면서 섬이 점점 물에 잠기고 있어요. 하지만 이런 나라들은 기후 위기를 크게 일으키지 않았죠. 그래서 국제사회는 기후 정의Climate Justice를 강조해요. "기후변화를 가장 적게 일으킨 나라들이 왜 더 큰 피해를 입어야 할까?"라는 질문을 던지며, 부유한 나라들이 더 많은 책임을 져야 한다고 주장하는 거죠.

기후변화는 전 세계가 함께 해결해야 할 문제예요. 하지만 각 나라의 입장은 다를 수밖에 없어요. 선진국들은 산업화 과정에서 이미 많은 온실가스를 배출했지만, 개발도상국들은 이제 막 경제를 발전시키려는 단계에 있어요. 그래서 "선진국들이 더 많은 책임을 져야 한다."라는 주장과 "모두가 똑같이 노력해야 한다."라는 주장이 대립하기도 합니다. 그래서 이런 갈등은 정치적인 협상과 타협을 통해 해결되어야 합니다.

기후변화 문제는 단순한 환경 문제를 넘어서, 각국의 경제적, 정치적 결정과 밀접하게 연결된 복잡한 문제입니다. 각국은 자국의 이익을 고려하면서도, 전 세계적인 협력이 필요함을 인식하고 기후변화 문제를 해결해 나가야 합니다. 이 과정에서 정치인들이 어떻게 결정을 내리느냐에 따라, 우리의 미래가 달라질 수 있습니다.

 # 파리협정 Paris Climate Agreement 2015년 12월, 프랑스 파리에서 열린 제21차 유엔기후변화협약 당사국 총회 COP21에서 채택된 국제적인 기후변화 협약입니다. 파리협정에는 전 세계 196개국이 참여했는데요, 이는 전 세계 거의 모든 국가가 참여한 것과 다름없습니다. 수십 년에 걸친 협의 끝에 마련된 이 협약은 국제사회가 함께 공동으로 노력하는 최초의 기후 합의입니다. 파리협정은 지구의 평균 온도 상승을 2℃ 아래에서 억제하고, 1.5℃를 넘지 않도록 노력하는 것을 목표로 내걸고 있습니다.

 # 탄소중립 같은 말로는 '온실가스 넷제로'라고 하기도 합니다. 전력 · 난방 · 교통 분야 같은 에너지나 산업시설, 농 · 축산 같은 부문들을 온실가스를 내뿜는 온실가스 배출원이라 부릅니다. 그리고 숲과 토양, 습지와 해양과 같은 생태계는 온실가스를 흡수하는 흡수원의 역할을 합니다. '탄소중립'이란 배출원이 배출한 만큼을 흡수원이 다시 흡수하도록 해서 실질적인 온실가스 배출량을 '0'으로 만든다는 것입니다.

 # 기후정의 Climate Justice 기후 위기의 해결을 정의롭게 하자는 의미입니다. 기후변화는 수많은 방식으로 우리 일상 속에 영향을 주고 있습니다. 하지만 그 피해를 모두가 동등하게 받는 것은 아닙니다. 사회 · 경제적으로 뒤쳐진 사람들은 더욱 열악한 환경을 맞이하고 있습니다. 기후정의는 기후변화를 막고, 이러한 사회적 불평등 문제를 해결하자는 내용을 담고 있습니다.

기후변화를 정치적으로 해결한 나라들이 있을까?

기후변화는 전 세계가 함께 풀어야 하는 커다란 숙제예요. 하지만 몇몇 국가들은 이 문제를 해결하기 위해 좀 더 적극적으로 앞장서고 있어요. 기후변화를 정치적으로 해결한 각국의 사례를 살펴봅시다!

덴마크는 세계에서 가장 깨끗한 에너지를 사용하는 나라 중 하나예요. 어떻게 가능했을까요? 바로 풍력발전 덕분이에요. 1970년대, 덴마크는 에너지 문제에 큰 위기를 겪었어요. 석유가 부족해지면서 에너지를 새로 만들어야 했죠. 그래서 덴마크는 바람을 이용한 풍력발전에 투자하기 시작했어요. 지금은 덴마크에서 쓰는 전기의 50% 이상이 바람에서 나온답니다. 덴마크 정부는 풍력발전을 늘리기 위해 기업에 지원금을 주고, 국민들에게도 친환경 에너지 사용을 권장했어요. 이런 정치적 결정 덕분에 덴마크는 기후변화에 앞장서는 대표적인 나라가 되었죠.

독일은 세계적으로 유명한 '에너지 전환Energiewende' 정책을 펼치고 있어요. 이 정책은 석탄, 석유 같은 화석연료를 줄이고 태양광, 풍력 같은 재생에너지로 바꾸는 것을 목표로 해요. 2011년, 일본에서 후쿠시마 원자력발전소 사고가 일어나자 독일은 원자력을 점차 줄이고 재생에너지로 전환하겠다고 선언했어요. 독일 정부는 태양광 패널을 설치하는 사람들에게 돈을 지원하고, 친환경 기술을 개발하는 기업에도 많은 도움을 주었습니다. 지금 독일의 전력 중 약 40%는 재생에너지에서 나오고 있어요. 독일의 이런 정치적 결정은 다른 나라들에게도 큰 영향을 주었어요.

한때 산업혁명으로 유명했던 영국은 석탄을 많이 사용하는 나라였어요. 하지만 지금은 석탄발전을 거의 사용하지 않는 나라로 변했습니다. 영국 정부는 2015년 "2030년까지 모든 석탄발전소를 폐쇄하겠다."라고 발표했어요. 대신 풍력과 태양광 발전에 투자하기 시작했죠. 또, 석탄발전소에서 일하던 사람들을 위해 새로운 일자리를 만들고, 에너지 산업에 종사할 수 있도록 교육도 지원했어요. 이 정책 덕분에 영국은 석탄 사용량을 90% 이상 줄이는 데 성공했어요. 그리고 2020년에는 두 달 동안 석탄 없이도 전기를 공급할 수 있었습니다.

코스타리카는 작은 나라지만, 자연 보호와 재생에너지 사용으로 세계에서 주목받고 있어요. 코스타리카는 99% 이상의 전기를 재생에너지로 생산해요. 특히 강에서 물을 이용해 전기를 만드는 수력발전이 중요한 역할을 하고 있어요. 코스타리카 정부는 환경 보호를 위해 숲을 없애는 것을 법으로 금지하고, 숲을 지키는 농부들에게 돈을 지원했어요. 덕분에 코스타리카는 기후변화에 앞장서는 친환경 국가가 되었답니다.

위에서 본 것처럼, 기후변화를 해결하기 위해서는 국가의 정치적 결단과 국민들의 협력이 필요해요. 정책을 만들고, 그 정책이 잘 지켜지도록 노력해야 기후 위기를 극복할 수 있어요. 여러분도 기후변화 문제에 관심을 가지고, 우리나라가 더 좋은 정책을 만들 수 있도록 목소리를 내는 것이 중요해요. 작은 행동이 모여 큰 변화를 만들어 낼 수 있습니다!

05

난민 문제는 왜 정치에 큰 영향을 미칠까?

혹시 뉴스에서 국경을 넘는 난민들의 모습을 본 적이 있나요? 큰 가방 하나에 모든 삶을 담아 떠나는 사람들, 부모의 손을 꼭 잡고 걷는 어린아이들. 그들은 전쟁, 기근, 박해와 같은 끔찍한 이유로 자신이 태어나고 자란 고향을 떠날 수밖에 없었습니다. 그렇다면 이런 난민들은 단순히 자기 삶을 지키기 위해 떠나는 사람들일 뿐일까요? 아니면 그들의 움직임이 우리가 사는 세상, 나아가 정치에 큰 영향을 미치는 중요한 사건일까요?

사실 난민 문제는 단순히 '어려운 사람들을 돕는 것' 이상의 의미를 지닙니다. 그들은 한 나라의 정책을 바꾸는 계기가 되기도 하고, 여러 나라가 협력하거나 갈등하는 원인이 되기도 하죠. 심지어 선거 결과에 영향을 미치기도 합니다. 이런 이유로 난민은 정치의 중요한 주제가 됩니다. 지금부터 난민 문제에 관해 조금 더 깊이 알아보도록 합시다.

난민은 자신이 태어난 나라에서 박해를 당할 위험이 있는 사람들이에요. 유엔 난민협약에서는 난민을 '인종, 종교, 국적, 특정 사회 집단의 구성원 신분 또는 정치적 의견을 이유로 박해를 받을 우려가 있다는 충분한 근거가 있는 공포로 인하여 자신의 국적국 밖에 있는 자로서, 국적국의 보호를 받을 수 없거나, 또는 그러한 공포로 인하여 국적국의 보호를 받는 것을 원하지 아니하는 자'라고 정의하고 있어요.

내가 태어난 나라에서 보호받을 수 없어 어쩔 수 없이 떠나야만 한다면 어떨까요? 다시는 돌아갈 수 없게 된다면요? 쉽게 말하면 난민은 '자기 나라로 돌아갈 수 없는' 사람입니다. 돌아갈 수 없는 이유는 여러 가지겠지요. 정치적으로 다른 의견을 내세웠다가 박해를 받거나, 다른 종교를 믿는다는 이유로 어려움을 당하거나, 민족이 다르다는 이유로 심한 차별을 겪는 경우가 많습니다.

1950년 설립된 UNHCR(유엔난민기구)은 1951년부터 난민 통계에 대한 자료를 보관하고 있습니다. 지난 70여 년간 매년 160만 명 이상의 난민이 발생했으며, 1982년 이후에 등록되는 난민의 수는 매년 1000만 명 아래로 떨어진 적이 없습니다. UNHCR은 매년 전 세계 난민 수를 조사하는데요, 나라 안에 분쟁이나 내전이 일어난 경우는 특히 난민 수가 늘어납니다. 우크라이나-러시아 전쟁과 미안마 군부-민주 세력의 갈등도 수많은 난민을 만들어 냈습니다.

여기서 여러분이 꼭 알고 넘어갔으면 하는 점은, 난민들 가운데 누구도 자기가 난민이 되리라고 예상하지 못했다는 것입니다. 일부러 난민이 된 게 아니라 갑자기 닥친 어려움 때문에 어쩔 수 없이 '난민'이라는 꼬리표를 달게 된 것입니다. 얼마 전까지만 해도 별 걱정 없이 평화로운 삶을 살아가던 평범한 사람들이었어요. 이들이 위험을 피해 다른 나라에 오면서 원래 가졌던 이름과 직업은 사라지고 '난민'이라는 두 글자로 불리게 된 것이지요.

난민과 정치

난민은 단순히 '국경을 넘은 사람들' 이상의 의미를 가집니다. 난민을 받아들일지, 얼마나 받아들일지 결정하는 것은 정부의 중요한 과제입니다. 정부가 결정한 정책은 사람들의 찬반 의견을 불러일으키며 정치적 갈등을 유발하기도 합니다. 어떤 이들은 인도주의적 이유로 난민을 돕는 것이 중요하다고 말합니다. 이들은 난민을 수용하는 것이 인간의 기본 권리를 존중하는 일이라고 생각하죠. 반면, 다른 이들은 난민 수용이 사회에 경제적 부담을 주고, 기존 주민들과 갈등을 일으킬 수 있다는 점을 우려합니다.

난민 문제는 단기적인 논쟁을 넘어 장기적으로도 정치에 깊은 영향을 미칩니다. 난민이 새로운 사회의 일원이 되면 인구 구성과 사회 정책에 변화가 생깁니다. 난민이 증가하면 주거, 교육, 의료와 같은 공공 서비스에 대한 수요가 증가합니다. 이러한 변화는 정치인들이 어떤 공약을 내세우고, 어떤 정책을 만들지에 영향을 미칩니다. 난민은 각기 다른 문화를 가진 사람들로 구성되기 때문에, 이들의 통합 과정에서 문화적 충돌이나 차별 문제가 발생할 수 있습니다. 이는 정부와 정치인들이 해결해야 할 중대한 과제가 됩니다.

난민 문제는 한 나라만의 문제가 아닙니다. 여러 나라가 연결되어 있는 국제사회에서도 난민은 중요한 정치적 이슈로 다뤄집니다. 난민이 한 나라에서 다른 나라로 이동하면 이웃 국가들 간 갈등이 생길 수 있습니다. 유럽연합EU에서는 난민 분담 문제로 회원국들 사이에 갈등이 있었습니다. 일부 국가들은 난민을 더 많이 수용해야 한다고 주장하는 반면, 다른 국가들은 난민 수용을 거부했습니다.

하지만 난민 문제는 국제사회가 협력하도록 만드는 계기가 되기도 합니다. UNHCR과 같은 국제 단체는 난민들을 돕기 위해 여러 나라가 함께하도록 지원합니다. 예를 들어, 시리아 난민 문제는 전 세계적으로 많은 나라가 지원을 약속하며 협력한 사례입니다. 2011년 시리아 내전이 시작되면서 전쟁과 폭력을 피해 약 1200만 명 이상이 고향을 떠나야 했고, 이 중 절반 이상은 어린이였습니다. 이때 튀르키예는 350만 명 이상의 난민을 받아들여 세계에서 가장 많은 시리아 난민을 수용했고, 레바논은 전체 인구의 약 4분의 1이 시리아 난민일 정도로 많은 난민을 수용했어요. 요르단, 이라크, 이집트도 수십만 명의 난민을 받아들였죠.

난민 문제 해결을 위한 정치적 노력

난민 문제는 단순히 몇몇 나라만의 고민이 아니에요. 전 세계의 협력과 정치적 노력이 필요한 글로벌 이슈죠. 난민들은 폭력, 전쟁, 기후변화 등으로 삶의 터전을 잃고 더 나은 내일을 찾아 떠나는 사람들입니다. 하지만 난민 수용국의 경제적 부담과 사회적 갈등, 국제사회의 책임 회피 등으로 인해 난민 문제가 쉽게 해결되지 않고 있어요. 그럼 이 문제를 해결하기 위해 필요한 정치적 노력을 함께 살펴볼까요?

난민 문제는 여러 나라가 손을 잡고 협력해야만 효과적인 해결이 가능합니다. UNHCR는 난민의 생명과 권리를 보호하기 위해 활동하는 가장 중요한 국제기구예요. 하지만 이들이 충분히 활동하려면 세계 각국의 지원이 필요합니다. 특히, 난민 캠프 운영을 위한 재정적 기부와 긴급 물자 지원이 꾸준히 이루어져야 해요. 몇몇 나라에 난민이 몰리는 문제를 막기 위해, 전 세계가 공정하게 난민을 분담해 수용할 수 있는 국제적 규칙도 필요합니다.

유럽연합EU은 난민을 공평하게 나누기 위해 '난민 쿼터제'를 도입한 바 있죠. 난민 쿼터제란 쉽게 말해, 난민 수용의 부담을 일부 국가에만 떠맡기는 것이 아니라, 여러 나라가 함께 책임을 나누는 방식입니다. 유럽연합EU은 난민 위기가 심각해지자, 회원국들의 인구, 경제력, 기존 난민 수용 규모, 실업률 등을 고려해 난민을 배분했어요. 이 제도를 시행하면 난민이 특정 국가에 몰리는 문제를 줄일 수 있습니다. 또한 난민들이 새로운 환경에 적응하고 안정적으로 정착할 수 있도록 지원 체계도 마련되죠. 하지만 난민을 몇 명이나 받아야 하는지, 이를 강제할 것인지에 대한 논란은 여전히 남아 있습니다.

난민을 받아들인 나라들은 경제적, 사회적 부담을 느낄 수밖에 없어요. 이런 부담을 덜어 주는 것도 국제사회의 중요한 역할입니다. 난민을 많이 받아들인 나라들, 특히 튀르키예, 레바논, 요르단 같은 나라에 경제적 지원을 강화해야 합니다. 국제기구나 선진국들이 자금을 지원해 난민 캠프 시설을 개선하고 난민들에게 필요한 물품을 안정적으로 제공해야 합니다. 또한, 난민들이 새로운 나라에서 안정적으로 살아가기 위해서는 언어 교육, 직업 훈련, 의료 지원 같은 정착 프로그램이 필요합니다. 이를 통해 난민들은 자립할 수 있는 기회를 가질 수 있겠죠.

난민 문제를 해결하기 위해서는 난민이 발생하는 근본적인 원인을 해결해야 합니다. 대부분의 난민은 전쟁, 내전, 독재와 같은 정치적 갈등으로 고향을 떠나죠. 국제사회는 전쟁과 내전을 멈추기 위해 평화 협상을 주도해야 합니다. 유엔은 시리아 내전의 종식을 위해 여러 차례 평화 회담을 열었고, 난민 문제 해결의 기반을 마련하고자 노력했어요.

난민을 수용한 국가에서는 지역 주민과 난민 간의 갈등이 생기기도 합니다. 이러한 갈등을 줄이려면 난민과 지역 주민이 서로 협력할 수 있는 환경을 만들어야 해요. 난민과 지역 주민이 함께 일할 수 있는 공공 프로젝트를 마련하면 상호 이해를 높일 수 있습니다. 지도자들이 난민에 대한 긍정적인 메시지를 전달하고, 차별과 배제를 막기 위한 정책을 펼치는 것도 중요합니다.

난민 문제는 단순히 남의 일이 아닙니다. 이 문제를 해결하려는 노력은 결국 모두가 함께 더 나은 세상을 만드는 길이 됩니다. 난민들은 우리와 다르지 않은 같은 사람들입니다. 조금 더 나은 미래를 만들기 위해 우리 모두가 손을 내밀어야 할 때입니다.

 # 유엔난민기구 UNHCR 유엔난민기구는 각국 정부나 유엔의 요청에 의해 난민들을 보호하고 돕기 위해 생겨난 국제기구입니다. 1949년 12월 3일, 유엔 총회에서 공식적으로 창설되었으며 난민을 보호하고 난민 문제를 해결하기 위해 국제적인 조치를 주도하고 조정할 권한을 부여받은 기구입니다. 유엔난민기구는 난민에 대한 금전적인 지원은 물론이고 난민들이 고향을 떠난 후 새로운 터전에서 희망의 원천을 제공받아 행복한 삶을 살 수 있도록 난민 사회 및 파트너들과 함께 스포츠 등의 문화생활 분야에도 아낌없는 지원을 하고 있습니다.

 # 난민의 종류 난민은 무슨 이유로 어려움을 당해서 다른 나라로 떠나왔느냐에 따라 종교, 정치, 전쟁, 기후 난민 등으로 나뉩니다. 종교 난민은 자신의 믿음 때문에 고향에서 박해를 받아 떠나야 하는 사람들이에요. 어떤 나라에서는 특정 종교를 믿는 사람들을 차별하거나 심지어 감옥에 가두는 경우도 있어요. 정치 난민은 정부나 지도자를 비판했다가 박해를 받거나 생명의 위협을 느껴 도망친 사람들을 말해요. 독재정권에서는 자신과 가족의 안전을 위해 고향을 떠나야만 하는 사람들이 생겨납니다. 전쟁 난민은 전쟁이나 내전 때문에 집을 잃고 떠나온 사람들을 말해요. 폭격이나 총격전으로 마을이 파괴되고, 생명이 위험해지면 누구라도 떠날 수밖에 없겠죠. 시리아 난민들이 대표적인 전쟁 난민이에요. 기후 난민은 기후변화로 인해 삶의 터전을 잃은 사람들입니다. 가뭄, 홍수, 해수면 상승 등 자연재해로 살 곳을 찾아 떠나야 하는 사람이 늘고 있어요.

우리나라 정부는
난민을 어떻게 지원하고 있을까?

우리나라로 난민 신청을 하는 사람들은 해마다 늘어나고 있어요. 법무부에 따르면, 우리나라는 1994년부터 2024년까지 약 15만 4000명이 난민 신청을 했는데, 그중 난민으로 인정받은 사람은 1544명이에요. 이는 전체 신청자의 약 1.0%로, 다른 나라에 비해 난민 인정 비율이 낮은 편이에요. 하지만 난민으로 인정받지 못하더라도, 전쟁이나 박해로 돌아갈 수 없는 사람들에게는 '인도적 체류 허가'를 내 주어 우리나라에 머물 수 있도록 돕고 있어요. 예를 들어, 2018년 예멘에서 온 난민들이 제주도에 도착했을 때, 정부는 이들에게 인도적 체류 허가를 부여해 한국에서 생활할 수 있도록 했죠.

우리나라는 2013년에 아시아 최초로 독립적인 난민법을 만들었어요. 이 법은 난민의 권리를 보장하고, 난민 신청과 심사 과정을 정해 주는 역할을 합니다. 난민으로 인정된 사람들은 우리나라에서 합법적으로 일할 수 있고, 의료 서비스와 자녀 교육도 받을 수 있어요. 이 법 덕분에 난민들이 최소한의 안전과 기본적인 생활을 보장받을 수 있게 되었답니다. 난민 신청을 받은 후, 정부는 신청자가 진짜 난민인지 확인하기 위해 정밀한 심사를 진행합니다. 난민 심사는 유엔 난민협약의 기준에 따라 이루어지며, 신청자가 전쟁, 정치적 박해, 또는 생명의 위협을 피해 온 사람인지 꼼꼼히 확인해요. 이 과정은 난민 제도를 악용하려는 사람들이 들어오는 것을 막기 위한 노력의 일환이에요. 하지만 심사가 까다롭고 시간이 오래 걸린다는 난점이 있어서, 이 부분을 개선하려는 움직임도 필요하다는 목소리가 나오고 있어요.

난민들이 우리나라에서 안정적으로 정착할 수 있도록 정부는 여러 가지 지원을 하고 있어요. 언어가 통하지 않으면 생활이 어렵잖아요? 그래서 난민들에게 한국어를 가르치는 프로그램을 제공하고, 난민들이 자립할 수 있도록 직업 훈련을 통해 일자리를 찾도록 돕고 있어요. 또한, 난민들이 건강 문제를 해결할 수 있도록 기본적인 의료 서비스를 지원하고, 난민 신청 초기에는 안정적으로 머물 수 있는 숙소를 제공하기도 해요. 이외에도 시민 단체와 협력해 난민들의 인권을 보호하고, 정착을 돕는 다양한 프로그램을 운영하고 있어요.

우리나라는 난민 문제를 해결하기 위해 노력하고 있지만, 아직 개선해야 할 점도 많아요. 난민 인정 비율이 낮고, 일부 사람들은 난민을 받아들이는 데 반대하는 경우도 있어요. 그러나 난민은 인간다운 삶을 누리고자 고향을 떠난 사람들이며, 우리 모두가 함께 도와야 할 이웃이에요. 난민 문제는 단순히 경제적 지원뿐만 아니라, 이들을 이해하고 받아들이는 마음도 중요합니다. 여러분도 난민 문제에 관심을 가지고, 난민들이 안전하게 살아갈 수 있는 세상을 만드는 데 동참할 수 있어요. 작은 관심과 노력으로도 더불어 사는 세계를 향한 큰 희망을 만들 수 있다는 걸 기억해 주세요!

정치는 관용과 화합을
이룰 수 있을까요?

만약 넬슨 만델라가 오늘날 우리에게 "우리 시대 정치는 관용과 화합을 이룰 수 있을까?"라는 질문을 받는다면, 그는 어떤 대답을 할까요?

남아프리카공화국의 첫 번째 흑인 대통령이자 인종차별 철폐를 위해 평생을 헌신한 만델라는, 관용과 화합의 상징으로 불립니다. 그는 이렇게 대답할지도 모릅니다.

"관용과 화합은 선택이 아니라 생존을 위한 필수입니다."

만델라는 한때 '정치란 힘으로 상대를 이기고, 나와 다른 사람을 억누르는 것'이라 믿었던 때가 있었어요. 젊은 시절 만델라는 무력으로 싸우며 인종차별에 저항하려 했지만 감옥에 갇힌 27년 동안 폭력이나 강압으로는 결코 진정한 변화를 만들 수 없다는 것을 깨달았거든요.

　만델라는 또한 "진정한 관용은 상대의 고통을 이해하는 데서 시작됩니다."라고 말했을 거예요. 관용은 단순히 상대방을 용서하는 것을 의미하지 않고, 상대방의 입장이 되어 그들이 느낀 고통과 분노를 이해하려고 노력하는 데서 시작되거든요.

　과거 인종차별 체제 아래에서 흑인들은 인간 이하의 대우를 받았고, 백인들 역시 두려움 속에서 살았어요. 서로가 서로를 적으로 여겼지요. 하지만 만델라는 감옥에 갇혀 있으면서 과거의 백인 지도자들이 왜 그런 선택을 했는지 이해하려고 노력했습니다. 그들도 두려웠고, 체제를 유지해야 한다는 압박 속에서 살았다는 걸요.

　이처럼 상대를 이해하고 그 고통을 공감하는 것이 진정한 관용의 시작이고, 정치도 마찬가지입니다. 한 사회 안에서 서로 다른 생각과 의견을 가진 사람들이 있을 때, 그들을 적으로 간주하기보다는 대화를 통해 서로의 아픔과 두려움을 이해해야 하는 것이죠.

　그렇다면, 화합에 관해서도 좀더 깊이 생각해 볼까요? 만델라는 "화합은 모든 사람을 위한 공간을 만드는 것입니다."라고 이야기했을 겁니다. 누군가가 소외되고, 자신의 목소리를 내지 못한다면 그 사회는 화합을 이룰 수 없죠.

만델라는 남아프리카공화국의 대통령이 되었을 때, 흑인뿐만 아니라 백인들, 그리고 소수 민족들 모두를 위한 공간을 만들어 그들을 배제하거나 밀어내지 않고, 모두가 함께 살아갈 수 있는 국가를 만들기 위해 노력했습니다.

넬슨 만델라는 관용과 화합이 결코 쉽게 이루어지는 것이 아니라고 말합니다. 하지만 그는 그것이 가능하다고 믿었고, 자신의 삶을 통해 이를 증명했어요. 그가 강조한 것은, 우리 모두가 관용과 화합을 이룰 책임이 있다는 점이에요.

이 글을 읽는 여러분도, 친구들과의 작은 다툼에서부터 서로를 이해하고 용서하려는 노력을 해 보세요. 그 작은 행동이 더 큰 화합의 시작이 될 수 있습니다.

오늘도 우리는 정치인들이 서로 자기 자신이나 자신이 속한 정당만의 이익을 위해 서로 헐뜯고 싸우는 모습을 봅니다. 이는 비단 우리나라만의 일은 아닐 겁니다. 이런 시대에 넬슨 만델라의 삶과 이야기는 우리에게 중요한 가르침을 줍니다.

우리 시대의 정치가 관용과 화합을 이룰 수 있을까요? 만델라는 "그렇다."라고 대답하며, 그것이 여러분에게 달려 있다고 말했을 겁니다.

넬슨 만델라(1918~2013)

만델라는 남아프리카 공화국에서 350여 년 동안 계속되었던 흑인에 대한 인종 차별을 끝내고, 최초의 흑인 대통령이 된 인물입니다. 그의 노력 덕분에 남아프리카공화국의 흑인들도 백인과 마찬가지로 1인 1투표권을 얻게 되었습니다. 그 공로로 만델라는 1993년에 노벨평화상을 수상했어요.

5장

나도 정치의
주체일까?

01

촛불집회, 왜 하는 걸까?

촛불집회는 우리 주변에서 종종 볼 수 있는 행동입니다. 뉴스에서 보거나 친구들과 이야기하다 보면, '왜 사람들이 촛불을 들고 거리에 나왔을까?'라는 궁금증이 생기곤 하죠. 촛불집회는 단순히 모여서 촛불을 드는 행동을 넘어, 사람들이 자신의 목소리를 내기 위해 선택한 특별한 방식입니다. 그런데 왜 굳이 촛불일까요? 그리고 왜 그렇게 많은 사람들이 함께 모이는 걸까요?

여기서는 촛불집회의 역사를 살펴보고, 사람들이 촛불을 드는 이유를 함께 생각해 보려고 해요. 혹시 여러분도 언젠가 촛불을 들어야 할 일이 생긴다면, 이 이야기가 도움이 될 수도 있습니다. 그럼, 촛불집회의 의미와 촛불이 가진 힘에 대해 알아봅시다!

촛불집회는 사람들이 촛불을 들고 모여 자신들의 의견을 평화롭게 표현하는 집회입니다. 촛불집회는 주로 비폭력 평화 시위의 한 방법이고, 우리나라에서 문화제 형식으로 열리고 있습니다. 왜 시위를 문화제라고 부를까요? 이는 야간 시위를 금지하는 '집회 및 시위에 관한 법률' 때문입니다. '집회 및 시위에 관한 법률'에서는 해가 진 이후에 옥외(집 또는 건물의 밖)에서 집회나 시위를 하는 것을 금하고 있으나 문화 행사 등은 예외로 인정합니다. 따라서 법률에 따른 제약을 뛰어넘기 위해 문화제라는 형식을 빌려 온 것이죠.

촛불은 평화와 희망의 상징으로, 집회의 분위기를 차분하고 질서 있게 유지하는 데 도움을 줍니다. 이 집회는 종종 사회적 문제나 부당한 정치적 상황에 반대하거나 변화를 요구할 때 열립니다. 단순히 불만을 표현하는 것을 넘어, 잘못된 것을 바로잡고 더 나은 사회를 만들기 위해 시민들이 직접 목소리를 내는 자리입니다.

대한민국의 촛불집회는 국민이 주인이라는 민주주의의 원칙을 보여주는 대표적인 사례로 꼽힙니다. 하지만 처음부터 지금과 같은 모습이었던 건 아닙니다. 촛불집회도 시간이 지나며 발전하고 변화를 겪어 왔습니다.

대한민국에서 촛불집회의 역사는 2000년대 초반으로 거슬러 올라갑니다. 그중 가장 처음 주목받은 사례는 2002년 미군 장갑차에 희생된 '효순이 미선이 사건'입니다. 주한미군의 실수로 우리나라 중학생 두 명이 숨졌는데도 사고에 대한 마땅한 조치가 취해지지 않아 문제가 되었던 사건입니다. 당시 많은 시민이 두 중학생의 억울한 죽음을 추모하고, 사건의 책임을 묻기 위해 촛불을 들고 거리로 나왔습니다. 이 집회는 단순한 추모를 넘어 불평등한 한미 관계를 바로잡자는 목소리로 이어졌습니다.

그 후 촛불집회는 점점 더 다양한 사회 문제에 대한 시민들의 의사를 표현하는 방법으로 자리 잡았습니다. 2008년에는 광우병 논란과 관련된 미국산 쇠고기 수입 반대 집회가 열렸습니다. 이 집회는 전국적으로 확산되며 시민들의 적극적인 참여를 이끌어 냈고, 정부 정책에 큰 영향을 미쳤습니다.

그리고 대한민국 촛불집회의 역사를 이야기할 때 절대 빠질 수 없는 사건이 있습니다. 바로 2016년 박근혜 대통령 탄핵 촛불집회입니다. 박근혜 정부 시절, 최순실 게이트 사건이 터지며 많은 국민이 분노했습니다. 대통령과 비선 실세의 부패가 드러났고, 국민은 더 이상 침묵할 수 없다고 느꼈습니다. 추운 겨울, 수백만 명의 시민이 광화문 광장에 모여 촛불을 들었습니다. 이 촛불의 힘으로 결국 박근혜 대통령은 탄핵되었고, 이 일은 대한민국 민주주의의 중요한 전환점이 되었습니다.

촛불집회에 참여한다는 것은 단순히 거리에 나가 촛불을 드는 행위로 끝나지 않습니다. 이는 사회의 일원으로서 내 목소리를 내고, 세상을 바꾸기 위해 행동하는 중요한 경험입니다. 촛불집회에 참여하면 '내 의견을 표현하는 것이 중요하다.'라는 것을 깨닫게 됩니다.

박근혜 대통령 탄핵 촛불집회에 참여한 한 고등학생의 이야기를 들어 볼까요? 그는 부모님과 함께 처음으로 촛불을 들고 광화문에 나갔습니다. 자신이 손에 든 촛불이 세상을 바꿀 수 있을까 반신반의하며 참여했지만, 수백만 명이 모인 모습을 보며 큰 감동을 받았다고 합니다. "나는 비록 작은 촛불 하나를 들었지만, 우리가 함께 하니 진짜 대통령을 바꿀 수 있었어요!"라고 말했습니다. 이 경험은 그에게 '나도 세상을 바꿀 수 있다!'라는 자신감을 심어 주었습니다.

촛불집회에 참여하면 평소 무심코 지나쳤던 사회 문제들에 대해 깊이 생각하게 됩니다. 왜 사람들이 거리로 나왔는지, 내가 사는 세상에 어떤 변화가 필요한지 고민하는 계기가 됩니다. 특히, 친구들이나 가족과 함께 토론하며 세상을 보는 시야가 더 넓어질 수 있습니다.

2008년, 광우병 논란과 관련된 미국산 쇠고기 수입 반대 집회에서 한 중학생은 집회에 참여하면서 자신이 먹는 음식이 어떻게 수입되고, 그것이 건강에 어떤 영향을 미칠 수 있는지 알게 되었다고 합니다. 그는 "먹을거리와 관련된 문제가 단순히 내 한 끼 식사를 위한 것만이 아니라, 사회 전체에 큰 영향을 미칠 수 있는 일이란 걸 깨달았어요."라고 했습니다. 촛불집회는 단순히 거리에서의 집단 행동이 아니라, 세상을 배우는 특별한 수업이기도 합니다.

촛불집회에서 가장 큰 보람을 느끼는 순간은 변화가 실제로 일어나는 것을 목격할 때입니다. 집회에 참여하면서 작은 행동이 사회를 더 나은 방향으로 이끌 수 있다는 것을 배우게 됩니다. 학교에서 민주주의를 배우는 것과 직접 민주주의를 경험하는 것은 완전히 다릅니다. 촛불집회는 '민주주의란 무엇인가?'를 몸소 체험할 수 있는 생생한 교실입니다. 이런 행동에 직접 참여해 보는 경험을 통해 민주주의는 단순히 선거로 끝나는 것이 아니라, 우리가 일상에서 꾸준히 지키고 발전시켜야 한다는 사실을 깨닫게 됩니다.

촛불은 어둠 속에서도 빛을 밝히는 상징으로, 사람들의 의지와 희망을 표현하는 데 잘 어울렸죠. 그런데 한창 촛불집회가 뜨겁게 달아오르던 때에, 어떤 사람이 "촛불은 금방 꺼진다."라는 말을 하며 촛불집회의 의미를 깎아내리려 했습니다. 이런 발언은 많은 사람들에게 아쉬움과 분노를 안겨 줬습니다. 그래서 최근에는 촛불 대신 응원봉을 드는 새로운 방식이 등장했어요. 응원봉은 원래 콘서트에서 가수들을 응원할 때 사용하는 도구인데, 불빛이 강하고 오래갑니다. 촛불처럼 쉽게 꺼지지 않는다는 점에서 사람들이 자신들의 의지가 결코 사라지지 않을 것이라는 메시지를 표현하기에 딱 맞는 도구가 된 거죠. 앞으로 또 어떤 도구가 집회에 등장하게 될지 모르지만, 평화롭고 효과적인 의사 표현 방식을 찾는 과정에서 민주주의 사회의 시민의식은 한층 더 성장하게 될 것입니다.

다른 나라의 촛불집회

우리나라에서 촛불집회는 시민들이 평화적으로 목소리를 낼 수 있는 중요한 방법으로 자리 잡았습니다. 촛불집회와 비슷한 사례는 외국에서도 찾아볼 수 있습니다. 여러 나라에서 시민들이 촛불을 들거나 비슷한 방식으로 자신들의 의견을 표현하며 사회를 변화시킨 적이 있죠.

1989년 독일에서는 동독의 독재 정부에 반대하고 자유와 민주주의를 요구하는 대규모 시위가 있었습니다. 이 시위는 매주 월요일마다 라이프치히라는 도시에서 시작되어 '월요 시위'로 불렸습니다. 시위에 참여한 사람들은 촛불을 들고 거리를 행진하며 평화적으로 자신들의 목소리를 냈습니다. 당시 동독은 공산주의 체제 아래 있었고, 시민들은 자유롭게 여행하거나 말할 권리를 빼앗긴 상태였습니다. 그래서 사람들은 "우리는 자유를 원한다!"라고 외치며 시위에 참여했습니다. 시민들의 목소리는 점점 커졌고, 결국 동독 정부가 무너졌습니다. 이로 인해 동독과 서독이 하나로 통일되었고, 독일은 지금의 민주주의 국가가 될 수 있었습니다. 이 월요시위는 촛불이 평화적인 저항의 상징이 될 수 있다는 것을 보여 준 대표적인 사례로 평가받습니다.

체코에서는 1989년에 공산주의 정권에 반대하는 시위가 전국적으로 퍼졌습니다. 이 시위는 폭력 없이 평화롭게 진행되었고, 사람들은 촛불을 들고 모여 정부의 퇴진을 요구했습니다. 이 사건을 '벨벳 혁명'이라고 부릅니다. 벨벳은 부드러운 천인데, 이 혁명은 부드럽고 평화롭게 이루어졌다는 의미로 이런 이름이 붙었습니다. 체코 시민들은 더 이상 독재정권 아래에서 살기를 원하지 않았고, 자유와 민주주의를 요구했습니다. 시위 이후 공산주의 정권이 붕괴되었고, 체코는 민주주의 국가로 거듭났습니다. 벨벳 혁명은 시민들이 평화적으로 단결하면 세상을 바꿀 수 있다는 것을 보여 준 사례입니다.

미국에서는 촛불집회가 주로 추모와 항의의 의미로 사용되었습니다. 1968년 마틴 루터 킹 목사가 암살되었을 때 많은 사람들이 촛불을 들고 모여 그를 추모했습니다. 또 2001년 9월 11일, 미국에서 끔찍한 테러가 발생했을 때도 전 세계 여러 나라에서 희생자들을 애도하기 위한 촛불 추모제가 열렸었죠.

이처럼 촛불은 국경을 넘어 평화와 정의를 상징하며, 시민들이 세상을 바꾸는 데 중요한 역할을 하고 있습니다.

 # 비폭력 저항 비폭력 저항은 폭력을 사용하지 않고 부당한 일에 맞서는 방법이에요. 사람들이 평화롭게 시위를 하거나 법을 어기지 않는 방식으로 항의하는 거죠. 대표적인 예로, 인도의 간디가 영국 식민지 지배에 저항하며 소금세 폐지를 주장했던 '소금 행진'이 있어요. 미국의 마틴 루터 킹 목사도 흑인 인권을 위해 비폭력 운동을 펼쳤어요. 이런 방법은 많은 사람의 공감을 얻어 사회를 바꾸는 힘이 될 수 있어요.

 # 집회 및 시위에 관한 법률 사람들이 자신의 의견을 표현하기 위해 모이거나 시위를 할 때 지켜야 할 규칙을 정한 법입니다. 예를 들어, 폭력이나 큰 소음으로 다른 사람에게 피해를 주면 안 됩니다. 또한, 학교, 병원, 국회 같은 곳에서는 집회나 시위가 제한될 수 있습니다. 하지만 이 법은 평화적으로 의견을 표현할 자유를 보장합니다. 우리나라의 촛불집회처럼, 이 법을 잘 지키면 안전하고 질서 있게 자신의 목소리를 낼 수 있죠. 즉, 자유와 질서를 동시에 지키는 법이라고 할 수 있습니다.

 # 표현의 자유 표현의 자유는 자신이 가지고 있는 생각과 의견을 공개적이고 자유롭게 이야기하고 나눌 수 있는 권리입니다. 여론이 올바르게 형성되기 위해서는 표현의 자유를 보장하는 일이 가장 중요합니다. 우리나라에서는 헌법에 "모든 국민은 언론 · 출판의 자유와 집회·결사의 자유를 가진다."라는 조항을 두고 있습니다. 촛불집회는 표현의 자유가 보장된 상황에서 사람들이 자신의 의견을 평화적으로 전달하는 대표적인 사례예요.

230

촛불집회의 역사적 뿌리가 된 사건이 있을까?

촛불집회는 현대 민주주의의 상징처럼 보이지만, 사실 우리나라에는 19세기부터 이런 '시민의 목소리'를 낸 사례가 있습니다. 바로 만민공동회라는 역사적인 사건입니다.

만민공동회는 1898년 대한제국 시기에 사람들이 한자리에 모여 나라의 문제를 논의하고 해결책을 찾고자 했던 큰 회의입니다. 이 회의는 지금으로 치면 사람들이 거리로 나와 정부에 의견을 전달하고, 더 나은 세상을 만들기 위해 목소리를 낸 촛불집회와 비슷하다고 볼 수 있습니다. '만민'이라는 말은 모든 백성을 뜻하고, '공동회'는 함께 모여 회의를 한다는 의미입니다. 즉, 왕이나 관리만 나라의 일을 결정하던 기존의 방식에서 벗어나, 백성들이 직접 목소리를 내고 나라의 미래를 논의하는 자리였던 거죠.

1890년대 말, 조선은 큰 위기에 처해 있었습니다. 일본, 러시아 같은 강대국들이 조선을 차지하려고 서로 다투고 있었고, 조선 정부는 백성들의 삶을 돌보기보다 부패에 빠져 있었습니다. 이런 상황에서 나라를 지키고 백성들의 권리를 보호하기 위해 독립협회라는 단체가 만들어졌습니다. 독립협회는 나라의 독립을 지키고 백성들이 더 나은 삶을 살 수 있도록 여러 활동을 했는데, 그중 하나가 바로 만민공동회였습니다.

1898년 3월부터 만민공동회가 열리기 시작했는데, 사람들이 거리로 나와 여러 가지 주제에 대해 논의했습니다. 당시 일본과 러시아 같은 나라들이 조선의 주권을 침해하려 하자, "우리가 힘을 합쳐 나라를 지켜야 한다."라는 목소리를 냈습니다. 백성들이 억울하게 세금을 내고, 관리들에게 고통받던 문제를 해결하기 위해 "백성의 권리를 보호해야 한다."라고 외쳤습니다. 부패한 관리들을 처벌하고, 정부가 백성들을 위해 일하도록 만들자는 요구도 있었습니다. 이처럼 만민공동회는 나라의 문제를 해결하기 위해 백성들이 한목소리를 낸 자리였습니다.

만민공동회는 서울의 중심인 종로 육조거리와 독립문 앞에서 열렸습니다. 사람들이 자유롭게 모여 발언하고, 함께 토론하며 의견을 나눴습니다. 참가자들은 나이와 신분에 상관없이 참여할 수 있었고, 백성의 목소리가 정부에 전달되도록 했습니다. 특히, 밤에는 사람들이 횃불을 들고 거리로 나섰습니다. 당시에는 횃불이 지금의 촛불처럼 사람들의 의지를 보여주는 상징이었던 셈입니다.

촛불집회와 만민공동회는 몇 가지 공통점이 있습니다. 첫째, 시민들이 주도했다는 점입니다. 만민공동회는 백성들이 나라의 문제를 논의하기 위해 스스로 모인 자리였고, 촛불집회도 시민들이 자발적으로 참여해 세상을 바꾸려는 움직임이었습니다. 둘째, 평화적으로 목소리를 냈다는 점입니다. 만민공동회는 무력 사용 없이 비폭력적인 방식으로 의견을 전달했습니다. 이는 촛불집회의 평화로운 분위기와 비슷합니다. 셋째, 민주주의의 씨앗이 되었다는 점입니다. 만민공동회는 당시 왕 중심의 정치에서 벗어나 백성들이 직접 참여하는 민주주의의 첫걸음이었고, 촛불집회 역시 현대 민주주의를 지키기 위한 중요한 활동입니다. 이런 점에서 만민공동회는 촛불집회의 역사적 뿌리로 볼 수 있습니다.

02

보수 정당과 진보 정당은 목표가 다를까?

　혹시 축구 경기에서 서로 다른 팀이 치열하게 대결하는 모습을 본 적 있나요? 양쪽 팀은 각자 다른 전략과 목표를 가지고 뛰지만, 결국 모두 하나의 목표를 향해 달립니다. 바로 승리라는 공통된 목적이죠.

　정당도 비슷해요. 보수 정당과 진보 정당은 마치 축구 경기의 두 팀 같아요. 한쪽은 "변화가 필요해! 새로운 방법으로 문제를 해결하자!"라고 말하고, 다른 한쪽은 "아니야. 지금 우리가 가진 것을 잘 지키는 것이 더 중요해!"라고 주장하죠. 서로 다투고 경쟁하는 것처럼 보이지만, 두 정당 모두 결국은 더 좋은 사회를 만들기 위해 노력합니다.

　그렇다면 왜 이렇게 서로 다른 목소리가 필요한 걸까요? 여기서는 정당이 왜 필요한지, 그리고 보수와 진보가 왜 중요한지를 살펴보려고 합니다. 읽다 보면 정당과 정치가 생각보다 재미있고 중요한 것이라는 사실을 알게 될지도 몰라요! 지금부터 한 번 알아볼까요?

전통적 군주제 국가였던 영국에서는 시민혁명을 통해 입헌정치와 의회민주주의를 꾸준히 발전시켰습니다. 이 과정에서 최초의 근대 정당인 '토리당'과 '휘그당'이 탄생했는데요. 이들 정당은 각자 다양한 계층의 이익을 대변하면서, 민주주의 발전과 선거권 확대에 영향을 주었습니다. 그렇다면 정당은 구체적으로 무엇을 의미하고 정당이 하는 역할은 무엇일까요?

정당은 '정치적 주장이나 의견이 같은 사람들이 모여 정권을 잡고 정치적 이상을 실현하기 위하여 조직한 단체'입니다. 정당은 국민의 의견을 모아 국회나 정부에 전달하고, 각 선거에 후보자를 추천하기도 합니다.

정당의 특징은 세 가지로 볼 수 있습니다. 첫째, 이념과 정책이 같은 사람들이 모인다. 둘째, 자발적으로 모인다. 셋째, 정치 행동을 한다는 특징을 가지고 있습니다. 정치 행동의 궁극적 목표는 물론 정권을 잡는 거지요. 정권을 잡지 못한 정당은 다음 선거를 준비해야 합니다. 또한 여당의 일방적 독주도 견제하고 정부의 행정도 감시하는 등 많은 임무를 감당해야 합니다. 그렇다면 정당은 집권을 위해 무엇을 해야 할까요?

첫째, 좋은 정책을 많이 개발해야 합니다. 정책 개발보다 지역 감정을 부추기거나 정부 여당을 정략적으로 공격하는 것이 정권을 잡는 데 더 유리할 때가 있을지도 모릅니다. 그러나 이런 방향으로 가는 순간 정당은 더 이상 정당으로 존재하기 어렵습니다. 정당의 탈을 쓴 패거리 집단으로 전락하는 것입니다. 왜냐하면 정당이란 어디까지나 이념과 정책, 즉 생각이 같은 사람들의 모임이지 고향이 같은 향우회나 이해관계가 같은 이익단체가 아니기 때문입니다.

둘째는 지지 기반을 확대하는 겁니다. 이를 위해서는 국민의 소리를 잘 듣고 이를 정책과 정치 활동에 반영하는 노력을 지속적으로 해야 합니다.

복수정당제란?

정당은 국민 개개인이 자발적으로 모여서 만든 조직이지만 국가의 보호를 받으며 '정당의 목적이나 활동이 민주적 기본질서에 위배될 때'가 아니면 해산을 강요당하는 일이 없습니다. 그리고 정당운영에 필요한 자금을 국가가 보조할 수 있도록 해 두고 있는데요, 전국 단위의 선거에서 일정한 수준 이상의 표를 얻으면 국고보조금을 받게 됩니다. 국민이 낸 세금으로 정당 운영금을 보조해 주는 것은 그만큼 정당이 사회에 필요하기 때문이에요.

한 나라에 정당이 한 개밖에 없다면 국민이 정치에 불만이 생기더라도 다른 선택의 여지가 없겠죠? 다음 선거에서 다른 정당을 선택할 수 있어야 서로 견제가 되고 정치가 발전할 수 있습니다. 그래서 민주주의 국가에서는 정당 설립의 자유를 보장하며 두 개 이상의 정당이 존재할 수 있도록 복수정당제를 두고 있습니다.

정당 정치를 오랫동안 한 나라들에서는 보통 두 개의 큰 정당이 정치를 주도하는 양당제가 확립되어 있는데요, 양당제는 세력이 비슷한 두 개의 정당이 선거를 통해 교대로 집권하는 것을 뜻합니다. 정당이 여러 개 있지만, 실제 정권을 획득하기 위해 경쟁을 하는 정당은 두 개라는 것이죠. 미국, 영국, 뉴질랜드 등이 양당제로 국가를 운영하고 있습니다. 정치 행위의 책임 소재가 분명하기 때문에 정당이 책임 정치를 할 수 있다는 것이 큰 특징입니다. 그러나 집권 정당이 장기 집권을 할 우려가 있고, 지나치게 강력한 힘을 가질 수 있다는 단점이 있으며, 다양한 정치 세력이 나타나기 어려운 구조여서 각 계층의 의사를 제대로 대변하기 쉽지 않습니다.

다당제는 세 개 이상의 정당이 권력을 얻기 위해 경쟁하는 형태를 말합니다. 의석 과반수를 차지한 정당이 하나도 없어 몇 개의 정당이 연립해 정부를 운영하기도 하는데요. 민주주의 역사가 깊은 유럽에 다당제 국가가 많습니다. 대표적인 나라로는 프랑스, 독일, 이탈리아, 벨기에 등이 있습니다. 정치적 다양성이 보장되고, 국민이 자신의 성향과 맞는 정당을 선택할 수 있다는 장점이 있으며, 정권 교체가 비교적 빠르게 이루어집니다. 다만, 여러 정당이 난립해 정치가 불안정해질 수 있고, 정당 간의 합의가 원만하게 이루어지기 힘들어 일관성 있는 정책을 이행하기가 힘들기도 합니다.

좌파와 우파, 진보와 보수란?

여러분은 '좌파'와 '우파'라는 말을 들어 본 적 있나요? 아니면 '진보'와 '보수'라는 표현을 들어 본 적이 있나요? 아마 뉴스에서 정치 이야기가 나올 때 한 번쯤 들어 봤을 거예요. 그런데 이런 단어들은 무슨 뜻이고, 어떤 차이가 있을까요?

좌파와 우파라는 말은 프랑스 혁명 때 처음 등장했어요. 1789년 프랑스에서 국민의회를 열었을 때, 왕의 권력이 유지되길 원하는 사람들이 의장석 기준으로 오른쪽에 앉았고, 변화를 요구하며 평등을 주장하던 사람들이 왼쪽에 앉았어요. 여기서 '우파'는 기존의 체제를 지키고자 하는 사람들, '좌파'는 더 나은 사회를 위해 변화를 추구하는 사람들을 뜻하게 되었죠. 그 이후로 '좌파'는 주로 평등과 변화를 강조하는 사람들을 뜻하고, '우파'는 전통과 질서를 중요시하는 사람들을 뜻하게 되었어요. 물론 지금은 꼭 이런 기준에 따라 나뉘지는 않지만, 대체로 좌파는 새로운 것을 시도하려는 경향이 강하고, 우파는 현재의 제도나 체제를 유지하려는 경향이 있다고 볼 수 있습니다.

'진보'와 '보수'도 비슷한 맥락에서 이해할 수 있어요. 진보는 사회를 더 나아지게 만들기 위해 변화와 혁신을 추구하는 생각을 말해요. 여성에게 투표권을 주기 위한 과거의 인권 운동이나 환경을 보호하기 위해 새로운 정책을 만들자는 움직임이 진보적인 생각에

238

가깝죠. 반면 보수는 기존의 전통과 질서를 지키고, 급격한 변화를 경계하는 태도를 말해요. 가족과 사회의 기존 역할을 중요하게 여기거나 빠른 변화보다는 안정적인 발전을 선호하는 것이 보수적인 생각에 속해요.

많은 사람들이 좌파=진보, 우파=보수로 생각하기도 하지만, 꼭 그런 것은 아니에요. 좌파적이면서도 보수적인 사람도 있고, 우파적이면서도 진보적인 사람도 있을 수 있어요. 이 네 가지 개념은 서로 독립적이면서도 종종 겹치기도 해요. 경제적으로는 평등을 강조하는 좌파적 성향을 가지면서도, 문화적으로는 전통을 중시하는 보수적인 태도를 가진 사람이 있을 수 있어요. 어떤 사람은 개인의 자유를 강조하는 우파 성향을 가지면서도, 환경 문제에 대해서는 새로운 정책을 주장하는 진보적인 생각을 할 수도 있죠.

좌파와 우파, 진보와 보수는 단순히 정치적 성향을 구분하기 위한 것이 아닙니다. 우리가 사회 문제를 바라보는 다양한 관점을 이해하기 위한 틀이지요. 어떤 문제가 있을 때 그 문제를 해결하는 방법은 사람마다 다를 수 있어요. 이때 좌파와 우파, 진보와 보수의 관점을 이해하면 서로의 생각을 더 잘 이해할 수 있어요. 중요한 것은 우리가 어떤 입장을 가지든지 서로 다른 의견을 존중하고 대화하려는 태도를 지키는 거예요. 그래야만 더 나은 사회를 만들어 갈 수 있겠지요.

 # 이익단체 이익단체란 구성원들의 공동의 목표 또는 이익을 달성하기 위해 조직된 단체를 말합니다. 자신들의 이익을 위해 정부에 영향력을 끼치려고 하는 이러한 단체 또는 집단을 '압력단체'라고 부릅니다. 이익단체는 그 종류가 아주 다양합니다. 노인회는 노인들의 복지 문제를 위해 일하고, 여성 단체는 여성과 아동의 권익을 높이기 위해 힘씁니다. 대부분의 나라에서 노동조합과 자본가 단체는 대표적인 이익 단체입니다. 한국노총이나 민주노총과 같은 노동조합은 노동자를 대표해 임금이나 근로 조건을 개선하기 위해 노력합니다. 그에 반해 경영자 단체는 회사와 자본가의 이익을 대변하기 위해 노력합니다. 대표적으로 한국경제인협회(한경협)는 대기업의 자본가들이 모인 자본가 단체입니다.

 # 정당보조금 우리나라에서는 정당이 공정하게 활동할 수 있도록 국고보조금이라는 돈을 나라에서 지원해요. 이 돈은 국민의 세금으로 마련되죠. 국고보조금은 모든 정당이 받는 게 아니라, 직전 선거에서 2% 이상 득표한 정당에만 지급돼요. 보조금은 정당의 의석 수와 득표율에 따라 나뉘는데, 의석 수가 많을수록 더 많은 돈을 받게 돼요. 이 돈은 정책 개발, 선거 준비, 정당 운영 등 공익적인 목적에만 써야 해요. 만약 돈을 잘못 쓰면 법적인 처벌을 받을 수도 있답니다. 이 제도는 정당이 국민의 다양한 의견을 대변하면서도 돈 때문에 공정성이 흐트러지지 않도록 돕는 역할을 해요.

보수 정당과 진보 정당이 내세우는 정책은 어떻게 다를까?

정치에서 진보와 보수의 대립은 여러 나라에서 나타나고, 각 나라마다 그 내용이 조금씩 다릅니다. 미국과 영국의 사례를 살펴보며 진보와 보수가 내세우는 정책이 어떤 차이를 보이는지 알아볼게요.

미국은 진보 성향의 민주당과 보수 성향의 공화당이 대립하는 대표적인 나라예요. 민주당은 사회적 평등과 약자를 보호하는 정책을 중요하게 생각합니다. 2010년 버락 오바마 대통령은 '오바마 케어'라는 이름의 건강보험 개혁을 추진했어요. 이는 모든 사람들이 더 쉽게 의료 혜택을 받을 수 있게 하려는 정책이었죠. 하지만 공화당은 이런 정책이 정부의 개입을 늘리고,

개인의 자유를 침해할 수 있다고 반대했어요.

공화당은 작은 정부와 자유 시장 경제를 강조합니다. 도널드 트럼프 대통령은 세금을 줄이고 기업의 규제를 완화하려는 정책을 추진했어요. 하지만 민주당은 이런 정책이 부자들에게만 유리하고, 경제적 불평등을 심화시킬 수 있다고 비판했어요. 미국에서는 특히 경제와 사회 문제, 환경 정책에서 두 정당의 입장이 크게 갈립니다.

영국에서는 노동당과 보수당이 주요 정당으로 오랫동안 대립해 왔습니다. 노동당은 전통적으로 진보적인 정당으로, 노동자와 서민 계층을 위한 정책을 많이 내세웠어요. 1945년 노동당 정부는 세계 최초로 모든 국민이 혜택을 받을 수 있는 복지 제도를 도입했어요. 이 제도는 의료비를 전액 국가가 부담하는 '국민보건서비스NHS'로 유명하죠. 보수당은 경제 성장을 위해 시장 경제와 전통적 가치를 중요시합니다. 1980년대 마거릿 대처 총리는 정부의 역할을 축소하고, 공기업을 민영화하는 정책을 추진했어요. 대처의 정책은 경제를 활성화시켰지만, 빈부 격차가 심화되고 많은 노동자가 실직하는 결과를 가져왔다는 비판도 받았습니다. 영국에서는 복지와 경제 정책에서 두 정당의 의견 차이가 특히 두드러집니다.

　진보와 보수의 대립은 단순히 싸움이 아니라, 세상을 바라보는 서로 다른 관점을 보여줍니다. 진보는 변화와 혁신을 통해 더 나은 세상을 만들려 하고, 보수는 안정과 전통을 지키며 현재를 유지하려고 해요. 이 대립은 서로를 견제하면서 균형을 잡아주기도 합니다. 진보만 있으면 변화가 너무 급격해질 수 있고, 보수만 있으면 발전이 더뎌질 수 있기 때문이죠. 따라서 서로 다른 입장을 이해하고 대화하려는 태도가 중요합니다. 진보와 보수의 대립은 단순한 차이가 아니라, 우리가 사는 세상을 다양하게 만드는 연결고리 역할을 합니다.

03

환경단체의 활동으로
환경이 좋아질까?

여러분은 바다 위를 떠다니는 플라스틱이나 산불로 황폐해진 숲의 사진을 본 적이 있나요? 우리는 일상에서 이런 환경 문제를 쉽게 접할 수 있어요. 그렇다면 이런 문제를 해결하기 위해 누가 나서야 할까요? 환경을 지키는 건 정부나 과학자들만의 일이 아닙니다. 우리 주변에는 환경을 위해 힘쓰는 환경단체와 시민들이 많아요. 그들은 숲과 강을 보호하고, 멸종 위기에 처한 동물을 구하기 위해 열심히 활동하고 있죠. 그런데 여기서 한 가지 궁금한 점이 생깁니다. 과연 이런 활동들로 환경이 정말 좋아질까요? 우리가 매일 사용하는 플라스틱, 온실가스로 인한 지구온난화 같은 거대한 문제들이 몇몇 단체나 시민들의 작은 움직임으로 해결될 수 있을까요?

지금부터 시민단체의 활동이 이 세상에 어떤 영향을 미치는지 살펴보면서 시민운동의 힘에 대해서도 알아봅시다!

뉴스를 보다가 "시민단체가 정부 정책에 대해 목소리를 냈다."라는 이야기를 들어 본 적 있나요? 아니면 동네에서 환경을 보호하거나 소외된 사람들을 돕는 활동을 하는 단체를 본 적이 있나요? 이런 단체들이 바로 시민단체입니다.

시민단체란, 사회를 더 나은 곳으로 만들기 위해 사람들이 자발적으로 모인 단체를 말해요. 시민단체는 특정한 이익을 추구하지 않고, 정의롭고 공정한 사회를 만드는 데 목표를 두고 있답니다. 환경, 인권, 평화, 교육, 복지 등 다양한 분야에서 활동하며, 우리가 사는 세상을 조금 더 살기 좋은 곳으로 만들려고 노력하죠.

세상에는 환경 오염, 차별, 빈곤, 그리고 전쟁 같은 문제들이 계속 일어나고 있죠. 그런데 이 모든 문제를 정부나 기업의 개입만으로는 해결하기 어려운 경우가 많아요. 때로는 정부가 어떤 문제를 미처 보지 못하거나, 기업이 자신의 이익만을 우선시하기도 하거든요. 이럴 때 시민단체가 나서서 중요한 역할을 해요. 시민단체는 먼저 사회의 문제를 찾아내고, 그 문제를 해결하기 위해 사람들을 모으고, 직접 행동에 나섭니다. 또한, 시민들의 목소리를 대신해서 정부나 기업에 요구하기도 해요. 환경을 보호하기 위해 더 강력한 법을 만들자고 정부에 요청하거나, 기업에게 더 친환경적인 제품을 만들라고 압박하기도 하죠.

우리나라에도 많은 시민단체가 활동하고 있어요. 환경을 지키기 위한 녹색연합이나, 인권을 보호하는 참여연대, 빈곤층을 돕는 굿네이버스 같은 단체들이 있어요. 이들은 각각의 분야에서 세상을 더 좋은 곳으로 만들기 위해 열심히 활동하고 있어요. 이처럼 시민단체는 사회를 바꾸는 데 중요한 역할을 담당하고 있습니다.

시민운동이란?

거리에서 사람들이 모여 피켓을 들고 구호를 외치거나, 어떤 주제로 서명을 받는 운동, 인터넷에서 "이 문제를 함께 해결하자."라고 제안하는 캠페인처럼 시민들이 모여 사회의 문제를 해결하려고 노력하는 모든 활동을 시민운동이라고 합니다.

시민운동은 말 그대로 시민들이 주체가 되어 펼치는 사회적 활동이에요. 시민운동의 목표는 우리 삶을 더 낫게 만들기 위해 잘못된 점을 바로잡고, 새로운 변화를 이끌어 내는 거예요.

우리가 사는 세상에는 많은 문제가 있어요. 숲이 파괴되는 문제, 공장에서 나오는 매연으로 대기가 오염되는 문제, 혹은 학교나 직장에서 차별과 불공평한 대우를 받는 것 같은 사회적 문제도 있죠. 이럴 때 시민운동이 중요한 이유는, 문제를 발견하고 이에 대한 해결책을 만들 수 있는 힘이 있기 때문이에요. 시민운동은 정부와 기업에게 경각심을 줄 수 있어요. 정부가 잘못된 정책을 추진하거나, 기업이 환경을 오염시키는 방식으로 이익을 추구할 때, 시민운동은 이를 비판하고 변화를 요구할 수 있어요. 시민운동은 단순히 "문제가 있다."라고 말하는 것을 넘어, 사회에 구체적인 변화를 만들어 내는 중요한 역할을 하죠.

시민운동은 우리가 상상하는 것보다 훨씬 다양한 방식으로 이루어져요. 가장 흔히 볼 수 있는 활동은 시민단체를 통한 캠페인과 서명 운동이에요. 시민들이 거리에 나와 집회나 시위를 벌이는 것도 시민운동의 한 형태죠. 요즘은 인터넷과 소셜미디어가 발달하면서 온라인에서 이루어지는 시민운동도 많아졌어요. 해시태그 캠페인, 온라인 서명 운동, 문제를 알리는 동영상 제작 등 다양한 방식으로 시민운동이 이루어지고 있어요. 온라인 운동은 시간과 장소의 제약 없이 누구나 쉽게 참여할 수 있다는 장점이 있죠.

환경단체가 하는 일들

환경단체는 자연을 보호하고 오염을 막기 위해 다양한 활동을 펼치는 시민단체예요. 이들은 사람들에게 환경 문제를 알리고, 정부와 기업에 정책 변화를 요구하며, 직접 행동에 나서기도 해요.

환경단체들은 사람들이 환경 문제의 심각성을 깨닫도록 돕는 캠페인과 교육 활동을 펼쳐요. 또한 정부와 기업에게 환경을 더 잘 보호하도록 정책을 바꾸라고 요구하기도 합니다. 공장에서 나오는 오염물질을 줄이는 법을 만들라고 요구하거나, 숲을 개발하려는 계획을 멈추게 하는 일을 하죠. 때로는 법정 싸움으로 이어지는 경우도 있어요. 어떤 환경단체들은 현장에 나가 직접 행동에 나서기도 해요. 나무를 베지 못하도록 숲을 지키거나, 오염된 강을 청소하는 활동이 이에 해당해요. 이들은 말뿐만 아니라 실제 행동으로 환경을 보호하려고 노력해요.

환경단체의 활동으로 실제로 환경이 좋아진 사례도 많아요. 세계적으로 유명한 단체인 그린피스Greenpeace는 고래를 보호하기 위해 수십 년 동안 활동했어요. 그 결과, 많은 나라가 고래잡이를 금지하는 법을 만들었고, 고래 개체수가 점점 늘어나고 있어요. 또한, 세계자연기금WWF 같은 단체는 멸종 위기에 처한 동물들을 보호하기 위해 노력하고 있어요. 이들이 만든 보존 프로그램 덕분에 많은 동물이 멸종 위기에서 벗어날 수 있었죠.

환경운동가들은 때로는 과격한 방법으로 시위를 하기도 해요. 그 이유는 지구 환경 보호가 더 이상 미룰 수 없는 절박한 문제이기 때문이에요. 2024년 3월, 스위스 다보스에서 열린 세계경제포럼WEF 기간 동안, 그린피스 활동가들은 헬기 착륙장을 점거하며 친환경 미래에 대한 투자를 촉구하는 시위를 벌였어요. 이는 환경 보호의 시급성을 강조하고, 기업과 정부가 보다 적극적으로 대응할 것을 요구하기 위한 행동이었어요.

우리나라에서도 환경단체의 활동으로 좋은 결과를 얻은 사례가 있어요. 과거 새만금 간척 사업으로 인해 갯벌이 파괴될 위기에 처했을 때, 여러 환경단체가 함께 목소리를 내고 활동했어요. 이로 인해 정부는 사업을 조정했고, 일부 갯벌 지역을 보존할 수 있었죠.

하지만 환경단체의 활동이 항상 성공하는 건 아니에요. 몇 가지 한계도 존재하죠. 많은 환경단체는 후원금이나 기부에 의존해 활동해요. 따라서 충분한 재정 지원을 받지 못하면 원하는 활동을 펼치기가 어려워요. 환경단체가 정부나 대기업의 이익에 반대하는 경우, 강한 저항에 부딪힐 때도 있어요. 대규모 개발 사업을 막으려 할 때 정부와 기업이 협력해서 환경단체의 목소리를 묵살하기도 하죠. 그래서 환경 문제를 해결하려면 많은 사람의 참여가 필요해요. 하지만 일부 사람들은 환경 문제에 큰 관심을 가지지 않거나, '내가 해 봤자 뭐가 달라질까?'라고 생각하며 참여를 주저하기도 해요.

환경단체의 활동은 단순히 환경을 보호하자는 걸 넘어서, 우리가 지구와 함께 살아가야 한다는 메시지를 전하고 있어요. "한 사람의 작은 행동이 큰 변화를 만든다."라는 말을 들어 봤나요? 우리가 일상에서 비닐 봉투 대신 에코백을 사용하고, 플라스틱을 줄이려는 노력을 하는 것도 사실상 환경단체가 만들어 낸 큰 변화의 흐름을 따르는 작은 실천인 거예요.

그린피스 Greenpeace 그린피스는 1971년에 캐나다에서 시작된 국제적인 환경 보호 단체입니다. 이 단체는 평화적인 방법으로 환경을 보호하고, 기후변화, 해양 오염, 원자력, 삼림 파괴 등 다양한 환경 문제를 해결하고자 활동하고 있습니다. 그린피스는 직접 행동을 통해 정부와 기업들이 환경을 보호하도록 압박하는 것으로 유명합니다. 배를 타고 바다에 나가 불법적인 어업을 저지하거나, 환경 파괴를 막기 위해 특정 지역에 출동해 활동을 벌이기도 합니다. 또한 그린피스는 환경 교육과 캠페인을 통해 전 세계 사람들이 환경 문제에 관심을 가지도록 유도하고 있습니다. 그린피스는 환경 보호를 위해 다양한 나라에서 활동하고 있으며, 전 세계적으로 많은 지지자들이 있습니다.

세계자연기금 WWF:World Wide Fund for Nature WWF는 1961년 스위스에서 설립된 세계 최대의 민간 환경보호 단체입니다. WWF는 멸종 위기 동식물 보호, 자연 환경 보전, 기후 변화 대응 등을 주요 목표로 활동하고 있습니다. WWF는 지구의 생물 다양성을 지키기 위해 전 세계에서 다양한 프로젝트를 진행하고, 환경 보호 캠페인을 통해 사람들에게 경각심을 일깨웁니다. 또한, WWF는 지속 가능한 개발을 촉진하고, 기업과 정부가 환경을 고려한 결정을 내리도록 압박합니다. WWF는 전 세계적으로 350개 이상의 프로젝트를 진행하고 있으며, 멸종 위기 동물들을 보호하기 위한 노력도 이어가고 있습니다. WWF는 환경 문제를 해결하기 위해 과학적 연구와 교육 활동을 활발히 펼치고 있습니다.

질문 안의 질문

청소년도 시민운동에
앞장설 수 있을까?

　시민운동은 개인이나 단체가 사회에서 일어나고 있는 문제를 해결하기 위해 목소리를 높이고 행동하는 활동이에요. 그중에서도 세계적으로 유명한 시민운동들이 있는데요, 특히 그레타 툰베리의 '기후를 위한 학교 파업'은 십대 청소년이 주도한 시민운동의 대표적인 사례예요.

　그레타 툰베리는 2003년에 태어난 스웨덴의 환경운동가예요. 그레타가 세상에 큰 영향을 미친 건 바로 '기후를 위한 학교 파업'이라는 운동 덕분이에요. 2018년 8월, 열다섯 살 그레타는 스웨덴 의회 앞에 앉아서 "기후변화에 대해 진지하게 대처하라."라는 팻말을 들고 1인 시위를 시작했어요. 또 매주 금요일마다 의회 앞에서 기후변화에 대한 행동을 요구하며 학교에 가지 않았죠. 그리고 "금요일을 위한 미래Fridays for Future"라는 해시태그로 세계 여러 나라에서 벌어지는 학교 파업을 연대시키기 시작했어요.

그레타의 학교 파업은 순식간에 전 세계로 퍼져나갔어요. 수백만 명의 학생들이 그레타의 캠페인에 동참했죠. 기후변화에 대한 책임을 정부와 기업에 묻고, 지구를 지키기 위한 행동을 요구하는 운동이 일어났어요. 그레타는 UN 기후행동 정상 회담에도 참석해 연설을 하며 "우리에게 시간을 주세요! 우리는 미래를 원한다!"라고 외쳤어요. 그레타는 전 세계적으로 '기후정의'를 요구하는 목소리를 더욱 키워 갔죠.

그레타의 운동은 많은 사람들이 기후변화에 대해 다시 생각하게 만들었어요. 정부와 기업들도 그레타의 목소리를 무시할 수 없게 되었고, 기후변화를 해결하기 위한 노력들이 조금씩 이루어지기 시작했어요. 그레타가 처음에 학교를 파업할 때는 많은 사람들이 그녀를 비웃기도 했지만, 그녀의 행동이 결국 세상을 바꾸는 큰 물결을 일으킨 거죠.

그레타 툰베리가 시민운동을 이끌어 낸 사례를 살펴봤어요. 그렇다면 여기서 이런 질문을 던질 수 있겠죠. "과연 청소년도 시민운동을 통해 세상을 바꿀 수 있을까?" 결론은, 당연히 그렇다는 겁니다.

청소년은 단순히 어리다는 이유로 사회적 책임에서 멀리 떨어져 있는 존재라고 생각할 수 있는데, 아닙니다. 오히려 여러분은 특별한 시각과 창의력을 가지고 세상을 더 나은 방향으로 바꿀 수 있는 힘을 가지고 있어요. 어른들보다 더 용기 있게 문제를 바라보고, 변화를 요구할 수 있는 것이 청소년의 큰 장점입니다.

시민운동은 거창하게 시작해야 하는 것이 아닙니다. 일상 속에서 작은 행동으로도 충분히 변화를 만들어 낼 수 있어요. 환경 보호를 위해 일회용품 사용을 줄이거나, 학교나 지역사회의 문제를 친구들과 함께 해결하려고 노력하는 것도 훌륭한 시민운동의 시작입니다. 중요한 건, 자신이 느끼는 문제를 그냥 지나치지 않고 관심을 가지고 행동으로 옮기는 것이에요.

청소년도 주체적인 시민으로서 행동할 수 있다는 걸 기억하세요. 작은 실천 하나가 세상을 바꾸는 커다란 계기가 될 수 있어요. 지금은 평범하게 보일지 몰라도, 여러분의 작은 목소리가 세상에 큰 울림을 줄 수 있는 날이 반드시 올 거예요.

04

유튜버가 가짜 뉴스를 올렸을 때 어떻게 처벌할 수 있을까?

    여러분은 유튜브에서 본 영상이 가짜 뉴스일지도 모른다는 생각을 해 본 적 있나요? 오늘날 유튜브는 뉴스와 정보를 얻는 가장 인기 있는 플랫폼 중 하나로 자리 잡았지만, 동시에 가짜 뉴스가 퍼지기 쉬운 곳이기도 합니다. 특히 가짜 뉴스는 단순히 잘못된 정보를 퍼뜨리는 데서 끝나지 않고, 사람들의 생각과 행동을 왜곡하며 갈등을 유발할 수 있습니다. 그렇다면 가짜 뉴스를 올리는 유튜버들은 왜 이런 영상을 만드는 걸까요? 또, 이런 행동은 어떻게 처벌할 수 있을까요? 여기서는 유튜브와 가짜 뉴스가 우리에게 미치는 영향을 살펴보고, 가짜 뉴스를 올린 유튜버들을 법적으로 어떻게 처벌할 수 있는지 알아보려고 합니다.

미디어는 정치에 어떤 영향을 미칠까?

유튜브, 책, 인터넷, TV, 스마트폰 등은 우리 일상에 가까이 있는 도구들입니다. 이들은 시시각각 정보를 제공한다는 점이 가장 중요해 보이는데요. 그래서 때로는 신체의 일부처럼 여겨집니다. 이러한 도구를 미디어media라고 부릅니다.

이런 미디어를 통해 우리는 매일 정치 소식을 접합니다. 정치인이 어떤 말을 했는지, 정당이 무슨 활동을 하고 있는지 등이요. 선거 기간에 미디어는 각 후보자의 활동 소식이나 공약을 소개하고 후보자 토론회도 개최합니다.

정당과 후보자가 만든 홍보 영상이나 문구도 미디어를 통해 접근할 수 있죠. 미디어는 대통령이나 주요 정당 대표의 기자회견, 국회 청문회, 정치적 쟁점에 대한 전문가 토론 등도 보여 줍니다.

그래서 미디어는 여론 형성과 정책 결정에 큰 영향을 미칩니다. 미디어를 통해 확산되는 정보는 시민들 사이에서 일정한 여론을 만들고, 그것은 정부, 국회, 정당 등에 전해져 의사 결정에 변수로 작용합니다.

인사청문회가 그 좋은 예인데요. 대통령이 국무총리나 장관 같은 고위공직자를 임명하기 전에 국회에서 인사청문회를 실시합니다. 미디어는 인사청문회를 생방송으로 중계하는데 단지 중계만 하는 것이 아니라, 때로는 후보자가 그 자리에 적합한지, 부정부패를 저지른 적은 없는지 취재하기도 합니다. 실제로 미디어를 통해 과거의 잘못이 공개되어 낙마한 고위 공직자 후보들이 적지 않습니다.

한편 영향력이 큰 미디어의 의도에 따라 특정한 방향으로 여론이 쏠릴 가능성도 있습니다. 미디어가 특정 정치인에 대해 반복적, 부정적인 보도를 하면 많은 사람들이 그 정치인에 대해 부정적인 인식을 가질 수 있습니다.

최근에는 유튜브를 중심으로 가짜 뉴스, 댓글 조작, 검색어 조작 등이 일어나 여론이 왜곡되는 사례도 늘고 있습니다.

유튜브의 가짜 뉴스는 왜 만들고, 왜 위험할까?

여러 정치 유튜브 채널이 흥미 위주의 영상을 올리며 네티즌의 관심을 얻고 있지만 우려의 목소리도 적지 않습니다. 지지자를 결집하기 위한 편향되고 자극적인 내용이 많아지고 있기 때문인데요. 덩달아 가짜 뉴스를 만드는 유튜버들도 늘고 있습니다.

가짜 뉴스는 마치 뉴스 같은 형태를 띠고 있지만 내용은 사실이 아닌 콘텐츠로, 허위 조장 정보라고도 합니다. 유튜버가 만드는 가짜 뉴스는 사람들의 관심을 끌고, 조회수를 높이기 위한 방법 중 하나로 사용되기도 합니다. 이들이 가짜 뉴스를 만드는 이유는 광고 수익이나 구독자 수를 늘리기 위해서인 경우가 많습니다. 때로는 사람들을 끌어들이기 위해 자극적인 제목과 내용으로 사실과 다른 정보를 의도적으로 만들어 냅니다.

유튜브에는 좋은 내용이 많습니다. 전문적 지식이나 날카로운 비판, 시사 상식 등을 쉽게 얻을 수 있지요. 주제에 제한을 두지 않고 다양한 영상을 편리하게 접할 수 있다는 점도 장점입니다. 그러나 유튜브에 간결하게 편집되어 올라오는 영상은 제대로 된 검증을 받지 않은 경우가 많습니다.

그중에서도 개인이 뉴스 채널임을 표방하며 동영상을 올리는 채널들이 존재합니다. 이들은 자극적인 소재, 편향된 정치 성향, 거짓 정보를 담은 영상을 무분별하게 게시합니다. 개인 또는 특정 집단이 사실이 아닌 내용을 진짜 뉴스처럼 퍼뜨리는 경우가 빈번합니다. 문제는 수많은 정보가 범람하는 유튜브 속에서 가짜 뉴스를 구별하기가 점차 힘들어진다는 사실입니다.

유튜버가 만드는 가짜 뉴스는 그 위험성이 큽니다. 사실과 다른 정보가 퍼지면, 사람들이 이를 믿고 잘못된 결정을 내리게 될 수 있습니다. 가령 잘못된 의료 정보가 퍼지면 사람들이 위험한 치료법을 시도하거나, 불필요한 공포에 휩싸일 수 있습니다. 법적 문제도 발생합니다.

코로나19 팬데믹 당시, 유튜브에서는 백신이 치명적인 부작용을 초래한다는 가짜 뉴스가 퍼졌습니다. 이로 인해 많은 사람들이 백신 접종을 꺼리고, 전염병 확산 방지에 어려움을 겪었습니다.

또한, 일부 유튜버들은 특정 국가나 인물의 역사적 사건을 왜곡해 올리기도 했습니다. 한 사건을 자신들의 이념에 맞게 편집한 영상이 조회 수를 올리며 잘못된 정보가 널리 퍼진 경우도 있습니다. 이런 영상은 학생들에게 잘못된 역사의식을 심어 줄 수 있는 위험성이 큽니다.

선거와 관련된 허위 정보가 유튜브를 통해 급속히 확산된 경우도 있었습니다. 특정 후보가 부정 선거를 저질렀다는 주장이나 조작된 영상이 공유되며 선거 결과에 대한 불신을 키웠습니다. 이러한 거짓된 정보는 사회적 갈등과 분열을 부추기는 역할을 했습니다.

가짜 뉴스를 퍼뜨리는 것은 명예훼손이나 사기 등 법적으로 문제가 될 수 있는 행동입니다. 때론 불필요한 논쟁과 비효율도 야기합니다. 누군가가 가짜 뉴스를 올리면 그게 사실인지 아닌지 확인해야 합니다. 애초에 가짜 뉴스가 없었더라면 할 필요도 없는 일이죠. 여기에 시간과 비용이 들기 때문에 사회 전체에 민폐를 끼치는 셈입니다. 가짜 뉴스에서 부정적으로 묘사된 사람이 대응하지 않고 가만히 있을 경우 마치 사실이라고 인정하는 것처럼 보일 수 있으므로, 스스로 해명해야 하는 부담까지 안게 됩니다.

앞으로 유튜브를 통한 가짜 뉴스의 생산과 공유는 더욱 많아질 가능성이 큽니다. 특히 SNS 등을 통해 정치적 견해나 사고가 비슷한 사람들끼리만 상호작용을 하는 경우도 많습니다. 그 과정에서 의견이 한쪽으로 쏠리기 쉽고 가짜 뉴스가 생겨날 가능성도 높아집니다. 따라서 유튜브의 영상에 나온 정보의 진위는 정확한 사실을 바탕으로 판단해야 합니다. 가짜 뉴스에 속지 않도록 주의 깊게 정보를 분석하고 비판하는 습관이 필요합니다.

가짜 뉴스에 대한 처벌

유튜버가 올린 가짜 뉴스는 사실이 아닌 정보를 마치 사실처럼 퍼뜨려 사람들을 혼란스럽게 하고, 잘못된 결정을 내리게 할 수 있기 때문에 큰 문제를 일으킬 수 있습니다. 잘못된 건강 정보나 허위 정치 정보는 사람들의 생명과 안전, 사회적 신뢰에 큰 영향을 미칩니다. 따라서, 가짜 뉴스를 올린 유튜버는 그에 상응하는 법적 처벌을 받아야 합니다.

가짜 뉴스가 퍼지면, 이를 바로잡기 위한 법적 대응이 필요합니다. 우리나라에서 유튜버가 가짜 뉴스를 올렸을 경우 '명예훼손죄'나 '허위사실 유포죄'로 형사처벌을 받을 수 있습니다. 허위 정보를 담은 영상을 유튜브에 올려 다른 사람들에게 피해를 주었다면 형사 고소가 가능하고, 벌금이나 징역형을 받을 수 있습니다.

가짜 뉴스와 관련된 여러 법적 사례들이 있습니다. 유명 유튜버가 정치적 이득을 얻기 위해 사실이 아닌 내용을 퍼뜨렸고, 그 결과 여러 사람들에게 잘못된 정보를 전달하며 큰 논란을 일으켰습니다. 이 유튜버는 특정인에 대해 허위사실을 퍼뜨렸기에 고소를 당했고, 법원은 그에게 형사 처벌을 내렸습니다. 이 사건을 통해, 유튜버들도 허위 정보를 올렸을 때 법적인 책임을 지게 된다는 사실이 널리 알려졌습니다.

또 다른 사례로는 허위 의료 정보를 유포한 유튜버가 있습니다. 이 유튜버는 실제로 효과가 없는 치료법이나 의약품을 홍보하면서 사람들을 속였습니다. 이 사건에서도 해당 유튜버는 형사 처벌을 받았습니다.

가짜 뉴스에 대한 처벌은 법적인 절차를 통해 이루어지지만, 사회 전체의 노력도 중요합니다. 가짜 뉴스가 퍼지지 않도록 유튜버와 플랫폼 운영자, 그리고 시민들 모두가 협력하여 정확한 정보를 유포하고, 가짜 뉴스에 대한 경각심을 높일 필요가 있습니다. 시민들도 가짜 뉴스를 신속하게 신고하고, 정확한 정보를 확산시키는 노력을 기울여야 합니다. 또한 비판적인 사고를 가지고 정보를 선별할 수 있는 능력을 키워야 합니다. 가짜 뉴스에 대해 사실을 바로잡는 댓글을 달거나, 다양한 정보 출처를 비교하는 습관을 기르는 것도 중요합니다.

특히, 자신이 믿고 싶은 정보만 받아들이는 '확증편향'에 빠지지 않도록 주의해야 합니다. 또한, 알고리즘이 개인의 관심사에 맞춰 특정 정보만 추천하는 경우도 많기 때문에, 다양한 시각에서 정보를 확인하는 태도가 필요합니다.

 # 유튜브 YouTube 구글에서 운영하는 세계 최대의 동영상 공유 플랫폼으로 당신You+브라운관Tube이라는 단어의 합성어입니다. 유튜브의 정신은 평범한 사람들이 각자의 목소리를 세상에 알릴 수 있도록 돕는 데 있으며, 표현의 자유, 정보의 자유, 기회의 자유, 소속의 자유라는 네 가지 자유가 유튜브의 가치라고 합니다.

 # 확증편향 확증편향이란 사람의 생각이나 믿음에 맞는 정보만 받아들이고, 반대되는 정보는 무시하거나 배척하려는 심리적 경향을 말합니다. 예를 들어, 어떤 친구가 '고양이가 항상 사람보다 똑똑하다.'라고 믿는다면, 고양이가 똑똑하다는 기사나 영상을 찾아내 그 믿음을 더 확고히 하려 하고, 이와 반대되는 과학적 증거는 무시하거나 부정할 가능성이 높습니다. 이는 우리가 이미 가진 생각을 강화하지만, 종종 중요한 사실이나 다양한 관점을 놓치게 만듭니다. 특히 가짜 뉴스나 왜곡된 정보가 퍼질 때 확증편향은 이를 더 쉽게 믿게 만드는 위험도 있습니다.

 # 알고리즘 알고리즘은 어떤 문제를 해결하거나 목표를 이루기 위한 단계적 절차나 규칙을 뜻합니다. 예를 들어, 친구에게 길을 알려줄 때 "왼쪽으로 세 번 가고 오른쪽으로 두 번 가."라고 설명하면, 이것도 하나의 알고리즘이에요. 즉, 알고리즘은 일종의 '문제 해결 공식'이라고 할 수 있어요. 하지만 알고리즘은 편향된 정보만 보여 줄 수도 있어서, 우리가 다양한 관점을 접하지 못할 위험도 있어요. 그래서 알고리즘을 이해하고, 스스로 균형 잡힌 정보를 찾으려는 노력이 중요합니다.

SNS가 없던 때에도
가짜 뉴스는 있었을까?

요즘 인터넷과 SNS를 통해 가짜 뉴스가 퍼지는 일이 많아 큰 문제가 되고 있어요. 그런데 SNS가 생기기 전에는 이런 가짜 뉴스가 없었을까요? 사실, 가짜 뉴스는 오래전부터 존재해 왔습니다. 사람들이 정보를 주고받기 시작한 순간부터 진실을 왜곡하거나 과장된 이야기를 퍼뜨리는 일은 계속되어 왔죠.

19세기 말, 미국에서는 신문이 가장 강력한 정보 전달 수단이었어요. 그런데 이때 '황색 저널리즘Yellow Journalism'이라는 이름의 가짜 뉴스가 유행했답니다. 황색 저널리즘은 독자의 관심을 끌기 위해 자극적이고 과장된 기사를 쓰는 신문 방식이었어요. 여기서 '노란색Yellow'이란 용어는 수준 낮다고 간주되는 만화책 및 기타 저속한 출판물을 상징하는 말로 사용되는데요, 이 용어는 당시 경쟁 관계에 있던 조셉 퓰리처의 《뉴욕 월드》와 윌리엄 랜돌프 허스트의 《뉴욕 저널》의 경쟁에서 유래했습니다. 두 신문사는 독자를 끌어들이기 위해 선정적인 헤드라인을 쓰고, 진실이 아닌 정보를 기사로 내보내는 일도 마다하지 않았습니다.

가장 유명한 사례 중 하나는 1898년에 발생한 미국-스페인 전쟁입니다. 쿠바가 스페인으로부터 독립하려 하던 시기에, 미국 전함 '메인호'가 폭발하는 사건이 일어났는데요. 이때 퓰리처와 허스트의 신문은 스페인이 폭발 사건의 배후에 있다고 주장하며 감정적인 기사를 쏟아 냈습니다. 하지만 이후 조사 결과, 폭발은 스페인의 소행이 아닌 사고였을 가능성이 크다는 것이 밝혀졌어요. 황색 저널리즘은 이렇게 사실 확인 없이 사람들의 분노를 자극했고, 결국 전쟁을 부추기는 데 큰 역할을 했습니다.

황색 저널리즘처럼 언론사가 자발적으로 가짜 뉴스를 퍼뜨리는 경우도 있지만, 때로는 정부가 의도적으로 가짜 뉴스를 만들어 내기도 했습니다. 정부가 언론을 통제해 자신들에게 유리한 정보를 퍼뜨리는 것은 역사를 통틀어 여러 나라에서 자주 볼 수 있는 일이에요.

히틀러의 나치 독일에서는 선전부 장관이었던 요제프 괴벨스가 가짜 뉴스를 만드는 데 중요한 역할을 했습니다. 그는 라디오, 신문, 영화 등 다양한 매체를 이용해 유대인들을 악마처럼 묘사하거나, 독일의 패배 가능성을 숨기고 국민들에게 승리만을 믿게 했습니다. 이러한 가짜 뉴스는 독일 국민들의 판단을 흐리게 하고, 나치의 독재를 유지하는 데 큰 역할을 했습니다.

또한, 우리나라에서도 일제강점기나 군사독재 시절에 언론 탄압과 가짜 뉴스 사례가 있었습니다. 1970년대 박정희 정부는 언론사에 검열을 가해 정부에 비판적인 기사를 삭제하거나, 정부 정책을 찬양하는 가짜 뉴스를 만들어 퍼뜨렸습니다. 이를 통해 국민들이 정부의 실정을 알기 어렵게 만들었고, 진실 대신 왜곡된 정보만 접하도록 했죠.

가짜 뉴스는 SNS가 생겨나기 전에도 존재했고, 앞으로도 형태를 바꿔가며 우리 사회에 영향을 미칠 것입니다. 하지만 우리가 정보에 대해 비판적으로 사고하고 진실을 찾아가는 노력을 한다면, 가짜 뉴스의 힘은 점점 약해질 것입니다.

자신의 생각이 다수와 다르면
왜 자신감이 떨어질까요?

'내 생각이 다른 사람들과 다르다면 잘못된 걸까?' 이런 고민은 한 번쯤 해 본 적이 있을 거예요. 학교에서 토론을 하거나 친구들과 대화할 때, 내 의견이 주변 사람들의 의견과 다를 때 우리는 종종 불안해지곤 합니다. 왜 그럴까요? 독일의 정치학자 노엘레 노이만은 이런 현상을 연구하며 '침묵의 나선Spiral of Silence'이라는 이론을 제시했습니다. 이 이론은 특정한 사안에 관해 다수의 의견이 지배적일 때, 소수 의견을 가진 사람들이 왜 점점 침묵하게 되는지를 설명해 줍니다.

노이만은 인간이 사회적 고립을 두려워하기 때문에 자신이 소수의 의견을 가질 경우 침묵하게 된다고 말했습니다. 예를 들면, 반 친구들 대부분이 반 티를 노란색으로 정하자고 할 때, 연두색이 좋겠다고 생각하는 누군가는 그 자리에서 반대 의견을 말하기 어려워지는 경우가 있어요. 왜냐하면, 자신의 의견을 말했을 때 비난받거나 외면당할 수 있다는 두려움이 있기 때문이에요. 이런 두려움은 우리가 '다수 의견'을 더 강하게 만들고, '소수 의견'은 점점 사라지게 만드는 중요한 이유로 작용합니다.

노이만은 '침묵의 나선'이란 소수 의견을 가진 사람이 목소리를 내지 않을수록 다수의 의견이 더 큰 힘을 얻고, 소수는 점점 더 침묵하게 되는 현상이라고 설명했어요. 이것은 마치 회오리바람처럼 나선형으로 작동합니다. 처음에는 모두가 자신의 의견을 가지고 있죠. 하지만 다수의 의견이 점점 더 큰 힘을 가지면서 소수의 의견은 점점 더 작아져요. 특히 언론이 특정 의견을 강조하면, 사람들이 그것이 사회에서 지배적인 생각이라고 믿게 된다는 점도 주목할 만하지요. 결국, 소수 의견을 가진 사람들은 자신의 생각을 숨기고 침묵하게 됩니다. 이런 과정은 우리가 사회적인 이슈에 대해 활발한 토론을 하기 어렵게 만들고, 사회적으로 중요한 문제들이 다루어지지 못하게 만들 수도 있어요.

노이만은 다수 의견이 항상 옳지 않을 수도 있다고 경고했어요. 과거의 여러 역사적 사건을 보면, 다수 의견이 사회적 압박을 통해 부당한 결과를 초래한 사례가 많습니다. 대표적으로, 노예제 폐지 주장이나 여성의 참정권 인정 문제는 초기에는 소수의 의견으로 취급되었지만, 결국은 사회를 더 나은 방향으로 이끌었습니다. 따라서 소수 의견을 무시하지 않고, 모두의 목소리를 듣는 것이 중요합니다.

청소년으로서 우리는 자신의 생각이 다수와 다르다고 해서 주눅 들 필요가 없어요. 세상에는 항상 새로운 아이디어가 필요한 법이니까요. 오늘날 우리가 사용하는 스마트폰도 누군가의 '다른 생각'에서 시작된 거예요. 중요한 것은 자신의 의견을 정리하고, 그것을 뒷받침할 이유와 근거를 갖추는 것입니다. 그렇게 하면 자기 생각을 더 자신 있게 말할 수 있어요.

우리가 사회 속에서 더 나은 변화를 만들기 위해서는 침묵하지 않는 연습이 필요합니다. 학교에서 토론할 때, 혹은 친구들과 대화를 나눌 때, 다른 의견이 있어도 당당하게 발표해 보세요. 물론, 상대방의 의견도 존중하면서 말하는 태도가 중요하겠죠. 노이만의 연구가 알려주는 가장 큰 교훈은 바로 이것입니다. 다수 의견이 진실이라는 보장은 없으며, 나의 목소리도 세상을 바꾸는 데 중요한 역할을 할 수 있다는 점이요.

이제 여러분도 주변의 상황에 위축되지 말고, 자신 있게 여러분만의 의견을 표현해 보세요! 여러분의 목소리가 침묵의 나선을 끊는 시작이 될 수 있습니다.

> ### 노엘레 노이만(1916~2010)
>
> 노이만은 독일의 유명한 정치학자이자 언론학자예요. 그는 여론이 사람들의 행동과 의견 표현에 어떤 영향을 미치는지를 연구했어요. 특히, 사람들이 주변 분위기를 의식하며 의견을 조심스럽게 표현하는 경향이 있다는 점에 주목했어요. 또한 노이만은 언론과 여론이 단순한 정보 전달을 넘어서, 사람들의 행동과 사회적 분위기에 큰 영향을 미친다는 사실을 밝혀 냈어요. .